人生は84歳から

レモンガス《エネルギー》をつくり、
アクアクララ《宅配水》を日本一にした男からの提言

赤津一二
Kazuji Akatsu

KKロングセラーズ

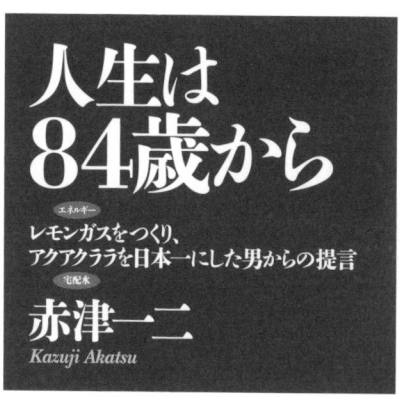

レモンガスが所有する中小型ジェット機、エアバス〈A319-100〉。
座席数約120。エールフランス航空に貸与。現在、パリを拠点に運航中

2013年、84歳で、ジェット機のオーナーになりました。

私が経営するレモンガスが、資産の有効活用を目的に購入し、エールフランス航空に貸しています。

資本金2,000万円のわが社で、ジェット機が買えたのです。

あなたにもできます。大切なのは、夢を持つこと、そして、その夢に向かって挑戦を続けることです。

今、私は85歳。

まだ夢があり、その実現のため、チャレンジしています。

エネルギー源の有効利用、二酸化炭素排出削減などに貢献するLPガスのコージェネレーション・システムの取り組みなどが認められて、2013年2月、レモンガスが「低炭素杯2013」の環境大臣賞金賞（企業活動部門）を受賞しました。
写真上は受賞直後、表彰状を手にする私。写真下、左は、いただいた低炭素杯のトロフィー。福島県石川町立野木沢小学校の児童が制作したものです。その右は、低炭素杯2013での、当社のプレゼンテーションの様子

現総理大臣の安倍晋三さんの父で、外務大臣などを務めた故・安倍晋太郎さん（写真左）とお付き合いがあり、気軽に相談し合える関係でした。1982年ごろ、私（右）と

2013年8月には、古屋圭司・国土強靭化担当大臣（左端）を迎えて開かれた「政府が推進する国土強靭化施策とLPガスの未来」シンポジウムに、私（右端）はパネラーの一人として大臣と並び、わが国のエネルギー政策に関する意見を述べました。
他のパネラーは左から古屋大臣、柏木孝夫・東京工業大学特命教授、橘川武郎・一橋大学・大学院商学研究科教授、松澤純ENEOSグローブ代表取締役社長(肩書はシンポジウム当時)

東日本大震災と原発事故後、注目を集めるコージェネレーション・システム（熱併給発電システム）の研究・開発に30年近く前から取り組んでいます。当初からこのシステムの実証実験場にしていた当社御殿場保養所には現在、10kwのLPガス・コージェネレーション・システムを2台備えています

85年間の人生の中で、さまざまな方々に支えられ、ありがたく思っています。

最新の医療にも助けられました。

2012年秋に、101歳の医師、日野原重明さんで有名な聖路加病院で、心臓に通ずる血管にバイパスをつくる手術をしました。

右の写真は、手術後の私の心臓をとりまく血管を写したものです。その3年前、血管にできたこぶを抑えるため、網状のものをかぶせた跡も見えます。

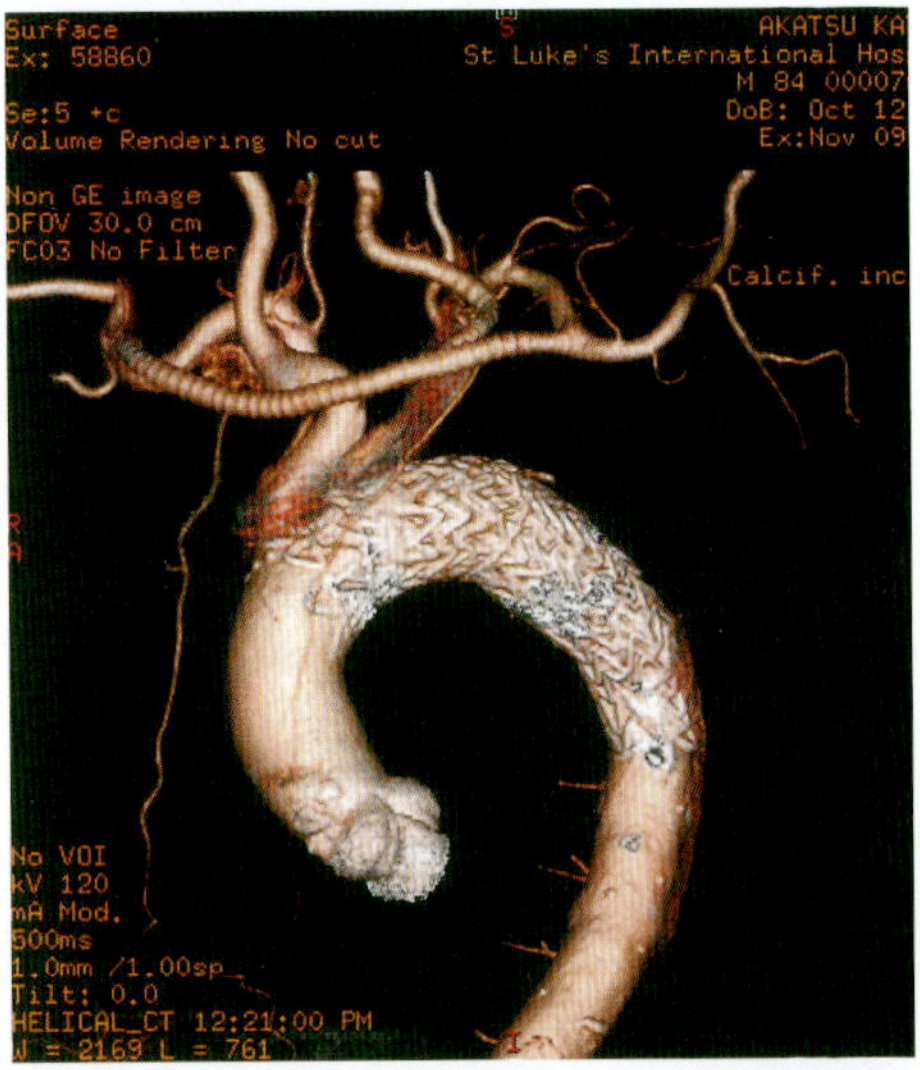

目次

第一部 人生をもっと輝かせるために
八五歳でも夢をあきらめない先輩として語りかける

第三章　男と女の関係が原動力になる　41

第二部　未来のエネルギーをどうするか
ガスと水のビジネスの挑戦者として

第一章　資本金一五万で二〇〇〇億円の会社と合弁　85

第三部 わが人生

第一章 福島生まれ東京育ち 185

第四章　仕方なく父の会社へ　253

第五章 新事業に燃える 277

ライター　山田千代
イラスト　浜中せつお

第一部

人生をもっと輝かせるために

八五歳でも夢をあきらめない先輩として語りかける

第一章

与えられた命を大切に

八五歳、ＬＰガス会社を経営する現役ビジネスマン

二〇一三（平成二五）年一〇月一二日で満八五歳になった。その一年前、八四歳の時に、神奈川新聞に連載した「わが人生」と併せて、人生についての本を出そう、と思い立った。それを機に、何か新しい世界が切り開かれるような期待が湧き、新たな夢も持った。そして一年、生きることができて、夢はさらに膨らんできた。

今も現役のビジネスマンである。レモンガスというＬＰガス販売会社の会長で、ＬＰガスで電気をつくるシステムの開発・普及などにも力を入れている。また、二〇〇五（平成一七）年に、私が設立したアクアクララという宅配水会社にも関わっている。

平日は、東京・港区の東京本社に毎日通い、各方面に出かけることもある。休日はゴルフ。始めてから約六〇年になり、今も一八ホールを回ることを楽しみに続けている。

この年まで生きてこられた理由の一つは、長生きの遺伝子を持って生まれてきた、ということだろう。その点では両親に感謝したい。

とはいえ、さまざまな病気を経験している。

二〇歳のころ、肺浸潤といって結核の初期状態に陥った。戦後間もないころで、病気が見つかった時にはまだ、特効薬がなかった。栄養のよいものをとって、家で安静にしているしかない、と言われ、まだ食糧事情の悪い時代、母に苦労させながら自宅療養をしていた。三カ月ほどすると、特効薬が出てきて、半年ほどで健康になった。運がよかった。

中年以降は、何かあると、東京・築地の聖路加国際病院に面倒を見てもらってきた。一〇一歳の医師、日野原重明さんの病院として近年、有名だが、私が付き合い始めたのは五〇年ほど前、この病院が人間ドックを始めたばかりのころ、クレジットカード会社の紹介で利用した。以来、肺炎で入院したり、胆石の治療で世話になった。七年前には、人間ドックで前立腺ガンが見つかった。二年間、服薬と放射

2013年10月12日、85歳の誕生日祝いのゴルフ会で

線照射で治療して、現在は問題ない。

六年ほど前、品川駅近くで、階段を踏み外して転がり落ち、左耳が大きく裂けた。後ろから駆け上がってきた男性に肩を押されたせいだった。通りがかった人が「大丈夫ですか、救急車を呼びましょうか」と声をかけてくれたが、知らない病院に運ばれるのが嫌で、断った。耳から出る血をハンカチで抑えながら携帯電話をかけると、幸い、土曜だったので、次男が自宅にいた。車で現場まで来て、聖路加まで連れていってもらい、一九針を縫った。

私ばかりでなく、妻や子、孫まで、この病院のお世話になっている。

心臓を七分間も止めて手術、今も体内に人工血管

二〇一二（平成二四）年の秋には、ここで私が心臓の手術を受けた。

その三年前、定期検診で首の左下、鎖骨近くの血管に、こぶのような膨らみが見つかった。そのままでは破裂する恐れがある、というので、膨らんだところに網のようなものをかぶせ、抑える手術を受けた。これだけでは不十分と分かっていたが、脳につながる血管

が関係し、難しい手術が必要になるので、しばらく様子を見ることになった。そこが三年たって、やはり問題が出てきたので、今回、再手術をしたのだ。経過は良好で、約一週間で退院できた。手術の傷口も数カ月で全く見えなくなった。

この二度目の手術では、心臓の上部に血管のバイパスを設けた。今、自分の体に人工の血管が入っているとは、もちろん自覚できないし、頭で想像すらできない。手術中、私の心臓が七～八分間、止められ、人工心臓で生きていた、というのも信じられない。担当医から、手術した部分の画像（グラビア4頁掲載）を見せられて、また驚いた。

ただただ、現代の医学の素晴らしさに感動するばかりだ。

聖路加のことでは、病院を取り巻くシステムにも感心している。周辺地域のクリニックを「パートナーズ・クリニック」としてネットワークをつくり、患者は、ちょっとした病気やけがならクリニックで、高度な技術の必要な検査や手術、入院などの場合は聖路加へ、と使い分けられる、という。

私が通っているクリニックは、以前は聖路加に勤務していた医師が、病院の近くに開いたところで、ここもパートナーズ・クリニックだ。聖路加という「センター」を支える小拠点、いわば「デポ」のような役割も担っている、という。

確かに聖路加はよい病院だが、例えば「ちょっと目が赤い。痛くないけれど、気になるな」といったときに行くには、少し億劫《おっくう》である。待っている患者が多いので、診察時間も限られる。地域のクリニックなら、気軽に訪ねて、ゆっくりいろいろなことを尋ねられる。それでもし、高度な医療技術が必要な場合は、聖路加に回してもらえる、というのも安心だ。

志願兵で生き残った、わずか一割の中に入った

私にとって、確かに聖路加国際病院による医療は、現在、平均寿命を越えた私の命の支えではある。だが、今の私の「生」に一番大きく関係しているのは、戦争に行って、生きて帰ってきたことだ。

太平洋戦争が始まった時、旧制中学一年生で、「お国のために死ぬことが男の本望」と考えていた。当時の日本では、一〇代前半の男の子のほとんどが、そうだった。それで一五歳のとき、志願兵になった。

陸軍で航空兵の訓練を受け、一九四四（昭和一九）年の暮れ、朝鮮半島経由で中国東北

部（当時は満州）に入り、チチハルの部隊に配属された。そこでは零下三〇度の酷寒を体験したが、当時、満州はまだ、連合国軍と交戦状態になかったので、攻撃される危険はなかった。しかし翌年八月、旧ソ連軍が突然攻め込んできたので、もしも、そのままチチハルにいたら、戦死か、シベリアに抑留《よくりゅう》になっただろう。抑留中に死ぬ可能性もあった。

ところが翌年二月に南京の部隊に転属となった。

当時の南京には、日本の傀儡《かいらい》政府が置かれ、連合国軍と接する戦場だった。それでも、内陸部の飛行場に出向いたとき、中国人の家に宿泊するなど、比較的緊張しなくてもよい日々を過ごす時期もあった。

ある時、揚子江沿いの武昌《ぶしょう》という街の飛行場で作業中、戦闘機の襲来に遭った。だだっ広い飛行場には逃げ場がない。何人もの兵士が機関銃の狙い撃ちに遭って、死んだ。

私は自動車を見つけ、急いでその下に潜り込んだ。スターターという、飛行機のプロペラを回す機動力のために、使っていた自動車だ。頭は入れたものの、尻から下は外に出たままだったので、右足を撃たれた。銃弾そのものではなく、銃弾が当たって飛び散ったコンクリートの破片が、いくつも刺さったのだ。腕にやけども負った。その後遺症で足の成長が悪くなり、今も右足を少し引きずり、サポーターが欠かせない。

とにかく命は助かったが、その後もう一回、危機一髪のことがあった。八月、「ソ連侵攻」の情報が入り、われわれ南京の部隊は、ソ連軍の南下を阻止するため、北京に向かうことになった。しかし悪天候で出発できず、待機しているうち、八月一五日の終戦を迎えた。もし、戦争があと一カ月長引いたら、関東軍と合流してソ連軍と戦い、恐らく玉砕しただろう。われわれには、ソ連軍とぶつかって勝てるだけの戦力はもうなかった。

こうしていくつもの危機を乗り越えて、文字通り、九死に一生を得て、帰還した。あの戦争の時、志願兵で生きて帰ってきたのは一割ぐらい、と聞いている。その一割に入ったのだ。私よりずっとたくましい人も、軍事的な考え方にたけた人も、また「お国のため、己の全てを賭けて戦う」といった軍人精神の塊のような人も、死んでいった。私と同じ航空隊の中には、南方の島に派遣され、アメリカ軍の攻撃を受けて一人も帰還しなかった隊もある。

天から特別な使命を与えられたのか。単に運が強かっただけかもしれない。なぜか分からないが、私は生かされたのだ。あんなにも多くの人が死んでいったのに。そう思うと、命があることが、とても大切なことに感じられてきた。

命ある限り精一杯生きる。少なくとも、そう生きるように努力することが使命ではないか。私だけではない。戦争で大勢の死に立ち会いながら、生き延びた人たちのほとんどが、そう思って、戦後を必死に生きてきたのだ。

若い人には、生きた証を残す「勇気」を持ってほしい

戦争を体験したことで、私は少々のことではへこたれない強さを身に付けた。

軍隊では上官のしごきに遭ったが、それが、命を守るためには、頭で考える前に、ひたすら身を守る力を養うことにつながった。戦後、捕虜になると、重い荷物運びをさせられた上、ろくに食べさせてもらえない、という日々が続いた。当時一六歳、まさに食べ盛りの時だった。おかげで今では、少しぐらい食事を抜いても、何でもなくなった。

戦争によって貴重な命をもらい、強い忍耐力を授かった私には、現代の若い世代の生き方が納得できない。確かに生きてはいるが、今がよければいいと思っているのか、刹那《せつな》的、事なかれ主義だ。何かに向かって突き進もうとしない。

与えられた仕事はこなしている。だが、それ以上のこともやってみようとか、もっとよ

「今がよければいい」ではなく、「生きた証を残そう」という気概を持とう
それが「勇気」だ

い方法があるのではないか、などとチャレンジする姿勢がない。冒険をしない、つまり、少しでもリスクがあることは避ける。

　せっかく生を受けているのに、何でこんなふうにしか生きられないのか。私に言わせれば「勇気がない」。

　それでいて、自分の好きなことには時間もお金も惜しまない。もっと理解に苦しむのは、世間を騒がせたパソコンの遠隔操作事件のように、コンピューターに関する高度な技術と多大な労力を、何の関係もない他人を困らせることに使っている人たちだ。それだけの頭脳と時間を、な

ぜ、事業とか社会の役に立つことに使わないのか、不思議でならない。

われわれ人類の一生は、長くても百年ちょっとで、四七億年という地球の歴史から見ればほんの一瞬である。そのわずかな時間に命をもらったのだから、何か生きた証《あかし》になるものを残そうとするのが「生きる」ということではないか。そういう気概《きがい》を持って生きることが、「勇気」だと私は思うのだ。

自分から進んで知識や技術を深める、とか、営業成績を上げるために、人のやらないことを試してみるとか。男性なら、誰もがあこがれるような女性の心を射止める、ということでもいい。自分の価値とか存在感といったものを高めることは、いろいろある。どこかでそういう道を見つけて進んでいけば、人生はもっと生き生きとして、豊かにもなるはずだ。

日本人よ、特に三〇代、四〇代の男たちよ。もっと勇気を出そう。せっかく与えられた命を、もっと輝かせようではないか。

第二章

仕事と家庭は両立できるか

男性優位社会に生まれ、戦中戦後を耐えた

私は一九二八（昭和三）年に生まれた。日本が戦争に向かってひた走ったときに少年時代を過ごし、戦争をくぐり抜けて、戦災復興期の終わりごろ、会社に入り、三〇代から五〇代の働き盛りが高度経済成長期と重なった。自分自身、「昭和という時代に生きた男」だと思っている。

今、三〇代、四〇代、五〇代の男性は、昭和生まれではあっても、私の言う「昭和に生きた男」ではない。戦前の男性優位の時代も、戦争直後の貧しい時代も知らないからだ。あの時代を経験したことが、私の生き方、考え方に大いに関係している、と思う。

最近、女性のパワーをもっと社会に生かすべき、という声が高まっている。指導的立場の女性を増やし、もっと女性が企業の意思決定の場に関わるよう、会社のシステム、社員の働き方などを変えていくべき、という意見も聞く。そのことは私も理解していて、わが社でも、女性社員にとって働きがいのある職場づくりに力を入れている。

ただ、私の頭の中にある「経営者」のイメージはどうしても男だ。女性は、その男たち

を支えたり、あるいは、男たちにパワーをもたらす存在、という印象が強い。これは私の生まれ育った時代のせいである。私は、男は外で働き、女は家《うち》で働く、という構図が当たり前だと思いながら、大人になったからだ。

苦難を強いられた女性たちがいたから

「女は家に」と決めつけられた時代、過酷な労働を強《し》いられた女性がいたことは、忘れてはいけない。そういう女性の一人が、私の母である。

私が物心ついたころ、家には両親のほか、父の父と祖母、そして父の妹が二人いた。兄弟は、私の上に兄が二人いた。さらに家業の使用人が五人いた。母は一人で、これらの人々の食事や洗濯などの世話をした。父の妹たちは家事を一切やらず、家事を手伝う使用人もいなかった。

家業は練炭《れんたん》の製造・卸売業である。現在でも一部で使われているとはいえ、若い世代では知らない人が多いかもしれない。説明すると、石炭の粉を円筒形に固めたもので、燃えやすいよう穴が空いている。家庭用に普及したのは「四寸」と呼ばれる幅一二センチほどのもので、専用のコンロに入れて煮炊きに利用されることが多く、掘りごたつに入れたりして暖房にも使われていた。

家は二階建てで、下は工場、上は住まいだった。当時は水道もガスもない。電気洗濯機も掃除機も、食器洗い機もない。水は井戸で、炊事や洗面などのため、井戸の水をくんで二階に運ぶのも、母一人の仕事だった。

近代化以前の日本には、屋敷などで炊事・洗濯・掃除から家族の世話まで、さまざまな仕事をする「女中奉公」という労役があった。そういう女性は、家の人たちの命じるままに働かされた。人権なども考えてもらえない。朝から晩まで働きづめだった母を思うと、母の時代の妻は、まさに「性生活を伴う女中奉公」だ。しかも、耐えられないから離婚したい、と妻が申し出ても、夫が同意しなければ不可能だった。

私は振り返るたびに、母にとって何と厳しい社会だったのだろう、と嫌になる一方、あの状況に耐えて生きてきた母のたくましさが偉大に思えてくる。

あの母の姿を現代人が見たら、どう思うだろう。今の二〇代、三〇代の女性には、異次元の世界に思えるかもしれない。しかし、知っていてほしい。あの時代があったからこそ、「もう女性にあんな苦労をさせるべきではない」といった声が上がり、女性の権利が認め

戦後間もないころ、わが家の井戸を修理する父（右）と母。戦前、母に日常的に暴力を振るっていた父は、敗戦のショックからか、急に柔らかくなり、母にも協力的になった

られ、男女平等が当たり前の時代が来たのだ。

最近の若い女性の中には、会社の仕事でも家のことでも、どこか真剣さが足りなかったり、自分の好きなことだけに一生懸命で、世の中に流されているような人をよく見かける。そういう人たちが、私の母のような女性の苦労の上に、今の自由な時代が築かれていることを知れば、若い女性全体の意識が、もっとよい方向に変わっていくような気がする。

仕方なく入った会社で夢を見つける

戦後間もないころの日本は、焼け野原から

一刻も早く脱して、新しい日本を築こう、と男も女も必死になって、よく働いていた。終戦からの復興期、昭和三〇年代前半（一九五〇年代後半）ごろまでの日本では、誰もが身を粉にして働いていた。

そんなに働いても、貧しい人が多かった。

戦後六〜七年たったころ、練炭の小売値は、一四個をひとくくりにしたものが三〇〇円ぐらいだった。バラでは確か一個三〇円だった。練炭は当時、台所の煮炊きに使うものので、すぐになくなる。まとめ買いした方が得なのは明らかだが、その三〇〇円が払えないで、一個ずつ買っていく家が大半だった。あのころ、練炭を売る店にはよく、三〇円を握りしめた子どもが「練炭ください」と買いに来ていた。

貧しくても、それにめげない強さがあった。その胸の中に、戦災からの復興、そしてさらなる発展という、明確な目標があったからだろう。日本の発展とともに、自分自身の夢の実現も目指していた。例えば事業を大きくする、会社をつくる、店を出す、学問や芸術の分野で認められる。そういう夢に向かって突き進んでいた。

それこそ、勇気だ。誰もが勇気を出して、自分の持っているエネルギーをフル活用している。そういう時代だったと今思う。

私は戦後、中学校に復学し、その後、慶應義塾大学経済学部で学んだ。大学院に進み、中国現代政治史の研究者になろうと思ったが、就職先が見つからず、ぐずぐず院生を続けていた。すると、父から「もう学費は出さない」と告げられ、仕方なく一九五五（昭和三〇）年、父の会社に入った。

当初は「こんなつまらない会社に、いつまでもいるもんか」という気持ちを隠し持っていた。しかし、やがて会社の仕事に夢を抱くようになった。会社をこうしたい、ああしたい、という思いにかられ、チャレンジを重ねた。それは今も続けている。

一九六二（昭和三七）年にＬＰガスの事業をスタートさせ、父が亡くなると専務に就いた。新しい事業を軌道に乗せ、練炭の事業はやめて、ガス中心に会社を大きくしようと、奮闘した。やがて従業員も増え、その分、役員としての責任も大きくなった。ひとたび会社が傾けば、何百人もの社員が路頭に迷うことになる。そういう責任を感じ、個人を犠牲にして、会社のため、事業のため、頑張ってきた。

経営者に仕事と家庭の両立は無理

一九六一（昭和三六）年、三二歳で結婚し、三人の子どもに恵まれた。家庭のことは最低限しかやらないで、子育ても妻に任せっきりにした。子どもたちはもちろん大切だが、三人の子どもと三〇〇人の社員と、どちらを優先すべきか、と考えたら、社員を取らざるをえない。妻には申し訳ないと思いつつも、仕事優先を貫いていた。

一番下の子が高校に入ったころ、妻は私に迫った。これまでずっと、家のこと、子どものことを私に押し付けて、どういうつもりなのか、と。「すまないが、僕は会社と結婚したと思ってくれ」と答えた。すると妻は「それなら、あなたはあなたの道を行ってください。私は私の道を行きますから」と宣言した。

以後、妻は私と距離を置き、一番下が大学に入ると、ガラス工芸の技法を学ぶため、一人でイギリス留学に旅立つなど、自分自身のために生きるようになった。私にも言い分はあるが、しかたない。子育ての一番大変な時に家のことを妻に押し付けた報い、と反省し、受け入れることにした。

会社で重要なポストを目指すなら、仕事と家庭の両立は難しい
奥さんに理解してもらうことが大切

家庭
3
仕事
7
その分、お給料が上がるなら、
応援するわ。
家のことは私ひとりで
何とかするから。

だから私は確信を持って言える。経営者に仕事と家庭の両立は無理だ、と。両立できるのは、親から引き継いだ事業の上に、あぐらをかいているような社長だけだ。会社をもっと成長させよう、もっとよくしよう、と考えたら、家庭を犠牲にするしかない。

一般の社員なら、仕事五、家庭五、あるいは仕事三、家庭七という配分でもかまわない。妻や子どもとの生活を通じて、自分を輝かせる生き方を、選択することもできる。

だが、もしも会社で、役員などの重要なポストを任されたいと思うの

なら、仕事七、家庭三ぐらいで頑張らないと駄目、と心すべきだ。さらに、社長に就いたら仕事九、家庭一に徹する。

このことを、奥さんや家族に理解させ、支えてもらうことも、役員や社長の務めではないか。中には「あなたが家のことをしなくても、その分、家にたくさんお金を入れてくれるのなら、いいですよ」と応援される場合も、きっとあるだろう。

社員だけでなくその家族にも感謝

ただし、この割合が理想だとは思わない。仕事と家庭を両立させる社長の下で会社が成長し、社員のためにもなる方法があるのなら、それが一番の理想である。事実、最近の四〇代、五〇代の経営者は、両立させようと努力している。しかし、そう簡単には行かないのが現状だ。

これから女性の社会進出がますます広がり、それが男性の働き方にも影響してくると言われている。仕事と家庭のバランスの取り方も、新しいやり方が出てくるだろう。恐らく今はその途上にあるので、仕事と家庭の両立にも困難が大きい、ということかもしれない。

2012年10月、ハワイで開催したレモンガス創立70周年記念パーティー

会社もまた、福利厚生などを通して、社員だけでなく、その人に協力している家族もねぎらうことが大切だ。女性の社会進出が広がり、共働きの家庭が増えてはいても、社員一人ひとりにとって、それぞれの家族の支えが重要であることに変わりはない。

そのため、わが社では「社員感謝祭」というイベントを開いている。社員が働いている場所や仕事の内容を見学して、社員をサポートする家族に、会社についてよく知ってもらうのが第一の目的だ。レクリエーションや食事を通して、社員とその家族同士の親睦を図ることも期待している。

さらに二〇一二（平成二四）年は、わが社が創立七〇周年に当たり、全社員とその家族をハワイに招待させていただいた（ただし家族は一部、自己負担）。「招待した」ではない。社員あっての会社であり、社員と、その人たちを支える家族という、わが社にとって何より大切な方々を「招待させていただいた」というのが、私の偽りない気持ちだ。

第三章

男と女の関係が原動力になる

仕事で頑張る人はそれだけ女性関係も

経営者の在り方について考えてみると、いろいろな人のことが思い出される。周囲の同業者、仕入れ先の商社、機器メーカー、得意先の販売店の主人も経営者であり、大学の同級生の中には平社員から社長まで上り詰めた人もいる。

そういう人たちの生き方を見ていると、面白いことに気づく。女性との付き合いと働き方に、ある関係が見られるのだ。

私の経験では、仕事に意欲的な経営者ほど、女性との付き合いにも積極的、早く言えば、愛人を持ったり、女遊びが華やかなのだ。こういう男がいいとか悪いとか、言うつもりはない。実際に見て、感じたことを言っているだけである。

反対に、会社の経営はそこそこ、無難にこなす程度、という人は、外で奥さん以外の女性とどうのこうの、ということがあまりない。そういう人の働く程度を仮に五とすると、その倍の一〇の働きのある人、いわば、かなり頑張るタイプの経営者は、必ずといっていいほど愛人がいたりする。もっと仕事に一生懸命で、二〇ぐらいの働きのある経営者は、女性関係も「一〇」の人の倍ぐらい積極的だ。

このような「公式」が、私と同世代か私より上の世代では、どの経営者にも不思議なくらい当てはまった。

男が妻以外の女性と付き合うのは、決して妻のせいではない。これもはっきりしている。遊んでいる人の奥さんを見ると、夫にとてもよく尽くし、時にはルックスも申し分ない奥さんさえいる。逆に、悪女のような奥さんでも、浮気しない男はいくらでもいる。結局、夫が外で遊ぶか遊ばないかは、男の問題で、妻は悪くないのだ。

男が、何らかのリスクがあると分かっていながら、妻一人で収まらず、ほかの女性と関係を持つのは、動物的な本能と関係があるのではないか。自分の遺伝子を次の世代に残すため、生殖活動に励むという本能だ。女性はいったん妊娠すると、しばらく新たな子づくりはできないが、男の方は、相手を変えれば間を置かずにできる。だから、相手を一人に絞らないのは、男性に本来備わっている性質だろう、というのが私の考えである。

ところが、今の六〇歳代より上の世代では、一〇人に一人ぐらいの割合で奥さん以外の女性と全く関係を持ったことがない、という人がいる。信じられない人もいるだろうが、私は当人から直接聞いたりして確かめているので、うそではない。

かく言う私は、経営者として頑張ってきた。働きの程度は「一〇」ぐらいと自負している。遊びについても、例外ではなかった。私の父は、事業だけでなく、戦前は区会議員を務めたり、戦後は業界団体にも関係するなど、社会活動にも熱心だった。夫の女遊びということでも、母は苦労していたらしい。

私が子どものころは、経営者や大会社の管理職、大きな店の主人など、ある程度以上の収入のある男にはたいてい、愛人、当時の言葉で「おめかけさん」がいた。

ふつう、そういう女性は、自宅とは別の家に住んでいるものだが、経済的にそこまで余裕がない場合、奥さんと一緒に住まわせていた。「何でこの家には、奥さんが二人いるのだろう」と不思議に感ずる家が、当時はあちこちにあった。後になって思い返すと、驚くばかりだ。今の女性が知ったら、憤慨するだろう。

あのころは、経済的な事情などで、たとえ奥さんと同居でも、我慢して愛人にならざるをえない女性もいたのだろう。奥さんも耐えなければならなかった。男性本位の社会で、こんなことをされても、妻から離婚を申し立てる理由にはならなかった。

旧憲法下では、女性が夫以外の男性と不倫関係になると、いわゆる姦通罪で裁かれたし、当然、離婚の理由になった。だが、夫が妻以外の女性と関係をもっても姦通罪には問われない（ただし、相手の女性が結婚していた場合のみ、男も姦通罪になる）。また、離婚の理由としても認められない。つまり男の不貞はおとがめなしだった。

明治の男は妻以外の存在を強引に認めさせた

妻以外の女性、つまり愛人の存在が、仕事に打ち込む原動力のようになっている。そう言える男性を何人も見てきた。今は違うが、私が生きてきた時代はそうだった。

こういう場合、その愛人は、男に尽くすとか、男のために犠牲になっているのではない。男の方が、愛する女性との関係を維持するために、必死になるのだ。愛人がいれば、お金もいる。その女性にいいところを見せたい、とか、「女にうつつを抜かして」と言われないようにしたい、といった世間体も関係するようだ。

よく仕事でもスポーツでも「ハングリーでなければ、勝てない」などと言う。妻のいる男が、よそで真剣に付き合う女性を持つことは、家庭的には不安定になるので、いわばハングリーな状態をつくるのかもしれない。

さらに興味深いのは、妻以外の女性を持つことを、世間に認めさせたり、逆に隠したりする態度が、男性の生きた時代によって変わっていることだ。

明治時代の宰相、伊藤博文《いとうひろぶみ》や山縣有朋《やまがたありとも》といった人たちは、女遊びが大っぴらだった。男の不貞が事実上、許されていた旧憲法の下では、それが男の甲斐性《かいしょう》とされ、女性関係が理由で職を辞する必要もなかった。さらに、強引に世間に認めさせる、というところさえあった。

その代表が、明治の末に外務大臣や総理大臣を務めた西園寺公望《さいおんじきんもち》だ。第一次世界大戦後のパリ講和条約に、芸者を同伴したという。世界が注目する会議の場に、妻ではなく愛人を連れていったのだ。

ただし、調べてみたら、この話は違うらしい。そもそも西園寺には正妻がなく、事実上の妻が三人いた。最初と二番目の「妻」は芸者だが、パリ講和条約に連れていったのは三

私が学んだ慶應義塾大学には、かつて「明治の男」の教授が朝、校舎から堂々と芸者を同伴して現れた、という逸話が伝わる。1947年ごろ、慶應の学生だった私。同大三田キャンパスで

番目の「妻」で、家で働いていた女性の筆頭格（当時の言葉で「女中頭」）だった。パリへは料亭の板前を同伴し、各国大使を日本料理でもてなした、という。同行させた「妻」には、そうした宴席での接待役、という仕事もあったのだろう。

というわけで、「パリ講和条約に堂々と芸者を連れていくことをみんなに認めさせた」という話は正しくないらしい。それを私が長い間、信じてきたのは、明治時代に活躍した宰相とか実業家といった男たちに、この手の話はつきものだからだ。

練炭の業界にも、明治の男で、派手な女性関係で有名な人物がいた。練炭の改良に取り組んだ事業家として、今でも名前が残っている。私の父はこの人に事業で世話になり、その女性付き合いのこともよく知っていた。

戦後間もないころ、この人物の会社が倒産した。愛人にお金をつぎ込んだのが原因と言われている。このことから、父は私に「女と付き合ってもいいが、囲うな」と強く戒めた。

大正ロマンの時代に育ち、愛に生きようとした男がいた

私より少し上の世代、つまり大正生まれの男性は、あからさまで強引な明治の男より、

優しさがうかがえる。隠さないで公表しようとはするが、女性との付き合いを、人生の楽しみにつなげようとする部分も見える。「大正ロマン」の時代の空気を吸ったせいかもしれない。

大正が終わって三年後に生まれたわれわれの世代は、大正ロマンの人たちと一つ大きな違いがある、と感ずる。大人になって間もない一九五六（昭和三一）年、売春防止法が制定され、その二年後に「赤線」という、特定の場所で売春が許されていた制度が廃止された。それまでは、性欲の処理は、そういうところでお金を払ってすればよかった。性の相手を得るのは比較的簡単で、逆に言えば、恋愛という段階を経て肉体関係を持つ、というのは特別なことだった。

経済的にも余裕があり、肉体的にも男盛りの三〇歳前後に、赤線が廃止された私たちの時代は、性に対して、一方では不自由になったが、付き合う女性との関係は深まったり、スリリングになった。また、妻の権利が強くなり、妻以外の女性との関係があらわになると、社会的なリスクが高くなった。その結果、好きな女性との関係を、周りに強引に認めさせるのではなく、自制しながら守り抜くようになった。

このように、愛人とビジネスの両立が難しくなった時代、私はある出来事に遭遇した。

一九六五（昭和四〇）年ごろ、仕事の関係で知り合った男性の身の上に起きたことだ。
この人を仮に堺さんとしよう。当時、約二万人の社員を抱える大手電機メーカーに勤務し、やり手だった。業績を上げて、やがて専務になった。同じ専務でも、私とはケタが違う。

堺さんは東京と大阪を行き来する生活で、大阪に本宅があって奥さん、子どもが住み、東京に別宅があった。別宅の愛人は売れっ子の芸者だった。私も時々、別宅に招かれ、二人の仲むつまじい生活を見ていた。

ある時、「僕は会社をやめ、離婚して、彼女と二人だけで生きていこうと思っている」と言った。私は驚いた。そして説得した。二万の社員を抱える会社の重役が、何ということを考えているのか。専務として無責任ではないか、と。だが、堺さんは真剣で、私の言葉に耳を貸そうとしない。

その思いが頂点に達したとき、彼女が妊娠した。相手は堺さんではなく、その息子だった。息子だからと気を許して別宅に出入りさせたら、密かに彼女と仲良くなったのだ。ところが、子供ができたと知ると、息子は逃げてしまった。結局、彼女は子どもをおろさざるをえなくなった。

堺さんは失意の底に落ちた。そこに追い打ちをかけるように、この芸者の関係者と名乗る男から、堺さんに「息子が責任をとらないなら、親が責任をとれ。三千万円、出さなければ、株主総会で公表するぞ」と金を要求してきた。

どうしたらよいか悩んだ末、堺さんは思い切って社長にうち明けた。その社長は大した人物で「私も、人に言えない女性がいる。あなたに罪はないから、株主総会で断罪されたら、その時はその時」と二人で腹をくくることになった。

しかし、総会は何事もなく終わった。事前に、堺さんの奥さんがお金を出したのだ。奥さんにしてみれば、夫の不貞だけでなく、息子の不始末という問題でもあったからだろう。実家が資産家だったのか。金を要求した側も「あの家なら、これぐらい取れるだろう」と見込んだのかもしれない。

あんなに彼女に入れあげていた堺さんも、結局は奥さんとの生活に戻って晩年を過ごした。

堺さんは大正の男だ。会社と愛人とどちらを取るかと考えて、愛人を取ろうとしたところは、大正ロマンの影響だろうと、私は考えている。

女性関係をビジネスに取り込んだ男も

同じ大正の男で、例外がいる。

私が親しくしている東京の事業家で、始まりは四国で、映画会社の営業マンをしていた。かつて映画フィルムが貴重だった時代、映画館には、封切り映画を上映する「一番館」、その次に上映する「二番館」、さらに次、くたびれてきたフィルムを映す「三番館」などと等級付けがされていた。

映画会社の営業は、映画館までフィルムを運ぶ仕事もしていた。私の友人が担当していた四国のある街では、親会社が直営の映画館を設けたので、一番館だった映画館が二番館へと格下げされてしまった。それまで、自分の映画会社に尽くしてきた一番館が、格下げされてしまい申し訳ないと、彼は、映画会社をやめてしまった。

そのことを知った元一番館のオーナーが意気に感じて、自分の映画館の一角をただで貸すから、何か商売をしたらどうか、と言ってくれた。そこで焼き鳥屋を始めたところ、当たった。店を出す時に結婚し、一緒に働いた妻にも支えられた。

しかし、焼き鳥屋で一生を終わりたくない、と思うようになる。同じ飲食でも、もっと華やかな店をやりたい。大阪の高級クラブ街、新地で一番のクラブをつくろう、と焼き鳥屋をたたみ、そのもうけを持って大阪へ出た。まず、新地でナンバーワンのホステスを調べ、その女性を引き抜き、親密な関係を持った上で、自分が開いたクラブのママに据《す》えた。彼の願い通り、その店はやがて新地のトップまで上った。

次に東京へ出た。政治家や有名作家など、他人に顔を見られたくない人のため、会員制で限られた客を対象にするクラブを始めて、今度も成功した。

成功の秘密は、まず経営者としてのビジネス・センス、そして仕事を任せるパートナーの女性との、特別な絆だ。店を出すたびに、そこを任せる女性と関係を持った。関係を持たなければ、ビジネスのパートナーとして信じられない、と考えていたからだ。その結果、妻のほか愛人が四人もいて、愛人との間に子どもも何人かいる。

この人は、大正の男ではあるが、女性のために事業を犠牲にするのではなく、男と女の関係を事業に取り込んでしまっている。これもまた、私にはまねできない。

好きな女のために会社を犠牲にできるか
われわれ昭和に生きた経営者の答えは「ノー」だ

僕に会社は
捨てられない。
後継者ができて、
僕が仕事を
やめるまで、
お互い我慢しよう。

昭和生まれの経営者は会社を犠牲にしない

一方、昭和に生きる私と同世代に特徴的なのは、我慢だ。

私の大学の同級生に、大手中の大手会社の社長になった友人がいる。私とは、会社の格が違うが、同じ経営者同士として親しくし、その奥さんと私の妻も仲良くしていた。

ところが、社長を何年か務めて次に引き継ぎ、経済団体などの公職も降りたとたん、離婚して、またすぐ再婚した。当然、その相手とは以前から付き合っていたのだろう。社長に就いていた時には、その存在を隠し通し、家庭円満な男を貫いた。社会的責任のある仕事をやめて、ようやく愛人と一緒になった、ということらしい。

大正ロマンの男は会社を犠牲にしたが、われわれ昭和に生きた男は違う。どんなに好きでも、その女性のために事業や職を犠牲にすることはない。自分の立場を守り、社会に迷惑をかけないために、我慢することがあるのだ。

自由な今こそ人生が変わるような恋を

では現代はどうか。自由になった結果、女性との関係を守るために必死になる、という傾向は見られなくなった。

しかも、自由が進んで、何でもありになったので、少し戸惑うこともある。

例えば、友達の恋人だった女性と、平気で付き合っている。最初に付き合った男と別れてから、付き合いを始めているようには見えない。恐らく、友達の彼女と承知で声をかけ、結果的に奪ったのだろう。

私の感覚では、友達の彼女と平気で関係を持つ、ということは考えられない。

確かに文学の世界では、昔から、友人との三角関係を描いた作品はあった。大正時代、小説家の谷崎潤一郎の妻と、友人で詩人の佐藤春夫が恋に落ち、その三角関係をそれぞれ作品で表現する、という出来事もあった。当時、こういう事件はめったに起きないから、小説などのネタになったのだ。

今の人は、人の彼女を横取りして、後ろめたさとか感じないのだろうか、と疑問に思えてならない。

同性愛のことも、私には付いていけない部分がある。ゲイのカップルが正々堂々と公表したり、海外では結婚もできるようになった。そういう結婚式を挙げて、とても幸せそうにキスをする二人を、テレビなどで見ることがある。きっとよいことなのだろうが、すんなりとは理解できない。

男女のことで戸惑うことは、ほかにもいろいろある。ただ、男と女の付き合いが、時には人生を大きく左右する、ということは時代が移っても、変わらない事実だ。

今は何でも自由になった。ネットやスマホといった便利な通信手段ができ、何かやりたいと思った時には、必要な情報が簡単に入るようになった。恋愛の楽しみ方も、多彩になってきている。こういう時代だからこそ、自分をパワーアップするとか、生き方が大きく変わるような恋愛を、多くの人に経験してもらいたい。

第四章

人生の豊かさは複利で増える

お金は知性的な生活の原動力

生き方を考える時、お金のことも考えるべきだ。確かに人生にとって、お金がすべてではない。貧乏でも満足して一生を終える人もいる。しかし、経済的な余裕を持つことは、人生を豊かにする方法の一つであるのは、間違いない。

お金の話をすると、即物的で情緒がない、と感じる人もいるだろう。お金の話ばかりする人は、数字の論理だけしか頭になくて味気ない、などといった非難もよくある。

それはある意味で正しいが、一面的な見方でしかない。お金が十分あれば、例えばクラシック音楽のファンなら、ヨーロッパを旅行して本場の演奏を堪能する、というように、お金を生かして、自分の感性や知性を磨くこともできる。お金は、知的な生活をするための、原動力になるのだ。

今、現役のサラリーマンの人は、毎月、給料が入るから実感がないかもしれないが、経済的な余裕があるかないかは、特に定年退職後、重要になる。

今、日本人の平均寿命は男性八〇歳、女性八六歳で、この先まだまだ延びるだろう。現在でも、一〇〇歳以上の人の数が国内で五万人を超えるという。定年六〇歳として一〇〇歳まで生きるとしたら、いわゆる「第二の人生」の期間が四〇年も続くことになる。当然、その間の経済的なことも大きな問題となる。

コップ一杯の水＝一〇〇万円が貯まるまで待つ

そこで私が提案するのは、学校を卒業し、社会人としてお金が稼げるようになったら、まず、お金を貯《た》めることだ。スタートラインに立った時に何をするかで、その後の人生が大きく変わってくる。

以前、ある勉強会で「経営の神様」と呼ばれた松下幸之助さんが「コップ一杯の水を貯めなさい」と

毎夏、ハワイで過ごすほか、ヨーロッパも好きでよく旅行する。78歳のころ、イタリア・アグリジェントの遺跡で

いう話をしていた。ちょろちょろと垂れてくる水の下にコップを置くと、そのうちコップの中に水が貯まって、やがてあふれる。あふれるまで待って、あふれた水を飲む。そうすれば、コップにはいつまでも水が貯まっている。しかし、コップがいっぱいになる前に、コップの水を飲んでいたら、いつまでたっても貯まらない。

「コップの水」一杯は、二〇万円とか三〇万円とか、いくらにでも設定はできるが、松下さんは一〇〇万円にしなさい、という。私も、その額が適当だと考える。新入社員なら、たいていはまだ、親のすねもかじれるだろうから、初任給が手取り二〇万円として、毎月二～三万円ぐらいは貯金できるのではないか。それにボーナスでさらに二〇万円前後、貯めたら、二～三年で達成できる計算だ。

コップに水を貯めるのは、その後の人生を豊かにするための第一歩だ。この一〇〇万円を元手にして、さらにお金を増やしていくのだ。

増やし方はいろいろ考えられるが、私なら株を買うことを勧める。株は私の趣味の一つで、事業の資金づくりにも利用してきた。

株式市場には、安定性や将来性があって、年に一〇パーセントぐらいの配当が出る株があるので、そういうものを買うとよい。銀行預金の利息がほとんどない現状では、大きなリスクをとらないで、この程度の利息が得られれば十分ではないだろうか。株を買ったら、毎年入ってくる配当を使わないで、さらに株を買えば、増えるスピードはより速くなる。努力すれば、一億円という目標も見えるだろう。

一〇万円でも一万円でも株は買える。だが、お金を増やすために買うのなら、一〇〇万円ぐらいは出すべきだ。額が多ければ、増え方もそれだけ大きくなる。それに、初任給が手取り二〇万円程度という今の時代、一〇万円の株を買っても、「お金を貯める」とは言えない。

貯めるか使うかで、三〇年後に大きな差

ところが、「コップ一杯の水」一〇〇万円が、一般の人にはなかなか貯まらない。たいていは、毎月の給料をすべて、自分の欲しいもの、使いたいことにつぎ込んでしまうからだ。

それでも足りなくて、給料が出る前に借金する人もいる。かつては、「サラ金」と呼ばれる業者だけだったが、最近は大手銀行でも、サラリーマンが手軽にお金を借りられるシ

ステムがあるので、借りるのが普通のように思っている人も多いようだ。借りた分を月末に返済しても、翌月もまた借金、ということを繰り返す。

親のすねがかじれて、妻子を養う責任もないので、今のうちに使いたいだけ使ってしまおう、借りてもまた返せばいいのだから、と考えているのだろう。もし急な出費などがあって、月末に返せないままになると、利息が積もり積もって、簡単には返せない額にまで膨らんでしまう、といったリスクも想像できないにちがいない。

だが、好きなように使える時期こそ、お金を貯めるべきだ。ほんの少し我慢して貯めれば、あとは楽だ。「コップ一杯」一〇〇万円が貯まれば、「コップからあふれる水」は飲める。つまり、その後は、稼いだ分を貯蓄に回さなくても、株なら、投資先の判断さえ間違えなければ、配当などが積み重なり、そのままお金が増えていくのだ。

では三〇年でどのぐらい貯まるだろうか。

銀行に預けた場合、今は定期預金の年利がせいぜい〇・一五パーセント（単利）で、三〇年たっても一〇四万五〇〇〇円、つまり四万五〇〇〇円しか増えない。

株ならば、年五パーセントの単利で配当の付くものが普通に買える。それを一〇〇万円買って、この配当が続いたとすると、三〇年後の元金に対して一五〇パーセント、つまり

100万円貯めるか、貯めないで使うかで、その後の人生に大きな差が付く

一五〇万円の配当が付いて、合計二五〇万円になる。

しかし、これで満足してはいけない。複利で増やす方法がある。毎年入ってくる株の配当金を使わないで、そのお金で株を買い増すのだ。配当五パーセントの株をそうやって複利で増やすと、三〇年後には四三二万一九四二円になる計算だ。元金の四・三倍、銀行に預けたままと比べても四倍以上の違いがある。計算上は、さらに五〇年間、同様に複利で増やし続けたとすると、一〇〇万円が一千一四六万七四〇〇円になる。

反対に、コップの水を貯めなかっ

た人は、三〇年たっても一円も貯まらない。元金ゼロのままだ。三〇年後の差は最大で四三〇万円余。いや、借金して、年利五パーセントの利息が付いて膨らんだ場合を考えれば、その倍額の差が付くこともあり得る。若いうちに我慢して貯める人と、貯めないで使ってしまうのでは、これだけ大きな差が付くのだ。

今、平均寿命が八〇年を超えてはいても、社会のしくみはすぐには追い付かない。三〇年後は現役を引退し、年金以外の収入がなくなっている可能性はまだ、高い。そのとき、どのような暮らしをしているか。アリとキリギリスのように、明暗がはっきり表れるだろう。

昔の人は「若いころの苦労は買ってでもしろ」と言った。まさにその通りだ。

ベースがしっかりしていない人生はみじめ

こういう話を聞いても、「そんな努力をしたって、三〇歳まで苦労してお金を貯めても、三五歳で交通事故に遭って死んだら、何にもならない」とせせら笑う人がいるかもしれない。そういう不幸な場合も、ないとは言えないが、そうならない方が圧倒的に多い。やはり、人生は長く続く、という前提で先のことを考えるべきだ。それを避けて刹那《せつな》的に生きる人には、薄っぺらな人生しかない。

人生には面白いことがあふれている。ただし、ベースがしっかりしていないと、面白いこともできず、悲しく、みじめなことばかりで終わってしまう。そのベースを確かにするのがお金である。資本主義社会に生きている以上、それが現実である。

私は、お金もうけを人生の目的にすべき、と言っているのではない。人生を豊かにするために、お金のことをもっと考えるように、と訴えたいのだ。お金が人生のすべて、という考え方は否定する。ところが逆にお金に困ると、始終、お金の工面だとか何かで四苦八苦することになり、人生がお金に振り回されてしまうことになる。

人生は複利だ。いったんお金に苦労すると、そこから苦労がさらに膨らんでしまう。お金のために苦労したせいで病気になり、さらに生活が苦しくなり、借金してまた返済に追われて、という方向に行きがちだ。

反対に、面白くて楽しいことも、複利で増える。経済的余裕があれば、いろいろなことが経験できて、知性的にも恵まれて充実した人生が期待できる。だからこそ、増えるもとになるものを、最初にしっかりつくっておくことが大切なのだ。

第五章 定年後も人とともに生きる

六〇歳からどう生きるか計画を立てるべき

私が付き合っている男性は、どうしても会社人間が多い。私が年を取るにつれて、付き合う人たちも年を取る。その結果、最近、感じるようになったのが、定年を過ぎた会社人間の寂しい姿だ。

会社から離れて仕事上の付き合いがなくなり、そのまま家族以外の交流がなくなって、何かしょぼくれていく。このままで、もしも運悪く奥さんに先立たれたりしたら、孤独死してしまうのではないか。そういう心配をしてしまう人が、私の周囲に何人もいるのだ。

こういう人たちを見ると、お金さえあれば人生の後半を楽しく送れる、とは決して言えない。定年後をどのように生きるか、という計画も必要だと思う。

今は定年後が長い。その一方、年を取るにつれ、いろいろな能力が低下していき、病気にならなくても、難しいこと、できないことは確実に増えていく。定年を迎えたら、その後どうするか、成り行き任せではなく、きちんと計画を立てる。できれば、現役の時から準備をしておく。そういうことがこれからの時代、ますます重要になりそうだ。

家族とともに――現役時代と違う新しい生活設計を

定年後も生き生きとするにはどうしたらよいか。誰かと関わりながら生きる方法を見つけることだ。人は一人では生きられない。そのことをしっかり頭に入れて、定年後の生活設計をする必要がある。それを具体的に考えるには、大きく分けて三つの形があると思う。まず一つは家族とともに。多くは奥さんだが、場合によっては、子ども夫婦などでもいいだろう。家族との生活を新しく設計して、ともに有意義な暮らしを営んでいく生き方である。

定年になり、それまで何十年間も、平日は朝から晩まで留守にして、土・日曜も接待で出かけていたような夫が、四六時中、家にいるようになる。もし奥さんが専業主婦などで、ふだん自宅にいる場合は、生活の根底を覆《くつがえ》されるような大問題だ。

ただ、そばにいるだけならまだしも、炊事も洗濯もやらない代わりに、「あれやれ、これやれ」「あれ、どこにある?」「これ、持ってこい」と現役時代のわがままを続けていては、奥さんに疎《うと》まれるだけだ。

家族との生活を再設計するには、まず、できるだけ家事もやる。最初は「手伝う」ことしかできないかもしれないが、やがては「これとこれは俺の仕事」というふうに、家事の一部分を自分の担当として引き受けるぐらいでなければ、奥さんとの共同生活は難しいだろう。

共通の趣味を持つなどの「助走」も重要

もう一つ、大切なのは妻、あるいは家族と一緒に取り組むものをつくること。よく言われるのが同じ趣味を持つことだ。

私は、結婚すると妻にゴルフを勧め、さらに三人の子どもたちにもやらせた。これはよかった。仕事優先で家族とのふれあいの時間が少ない、という私の問題点を、共通の趣味を持つことで少しはカバーできたような気がする。

中学時代までテニスに熱中していた娘にも、高校に入ったらゴルフをやらせた。妻や息子たちとゴルフをするので、娘だけ仲間外れにしたくない、という思いもあった。娘はテニスを続けたいと訴えたが、妻が「家族の和」を説いて引き込んだ。娘は、始めてみると、みるみるゴルフにはまってしまい、大学のゴルフ部で活躍して、プロに誘われるほどにまで上達した。

家族と一緒にできることは、ゴルフ以外にもいくらもある。家庭菜園をつくり四季折々の作物をつくる、映画や芝居、コンサートに行くとか。別々の楽器を習い、時々合奏するというのも楽しいのではないか。アウトドアでは夫婦で登山という話もよく聞く。

ただ同じ趣味があればいいのではなく、共に暮らしているからこそ、楽しめるような趣味や活動がないと、長続きしないだろう。

40代のころ、妻（左）とゴルフ場で

例えば、田舎暮らしや海外移住とか、夫婦で新しい土地に移り住む場合、まずは、夫婦共にそこで暮らしたいと思うこと、いわゆる価値観の一致が一番の条件だ。加えて、新天地で一緒に取り組めるものが必要だろう。それがないと、多くのコストをかけて移住するメリットが、あまりないように思う。

大切なのは、定年になる前からの、日ごろの努力だ。多くの男性は、何も考えずに「これからは妻と二人で」と言うが、現役の時から、妻とのコミュニケーションを図っているのだろうか。「仕事が忙しいし、責任も大きいのだ。給料を稼いできているのだから、文句言うな」と開き直り、奥さんが何を考えているのか、知らないままでいるとしたら、定年後のパートナーにはなってもらえない。

妻との理解が深まれば、一緒にやりたいことも見つかりやすくなる。定年後にやることを、早く決めておいて、現役時代から「助走」をとっておくことも一つの手だ。

以前、第一線の画家で、一般市民向けの絵画教室で指導している人の話を聞いたことがある。その画家いわく、六〇歳過ぎて、それまで会社の仕事しかしていなかった人が、教室に来て、プロの画家のような芸術性の高い絵が描きたい、と言うけれど、そんなに簡単ではない。創造に必要な感性は、教わったらすぐに身に付くものではなく、年月をかけていろいろな経験を重ねながら養っていくものだから、と。

つまり、仕事に就いている間は「定年になったら、時間がいくらでもあるから、それから始めればいい」とのん気に構えていると、その時が来ても、思い通りにできないことがある。その前から、この趣味にはどういう素質が必要なのか、といったことを調べるなどして、自分に合う趣味を探したり、現役時代でもできる準備があったら、早くから取りかかった方がいい、ということだ。

新しいコミュニティーで――発想の転換を

定年後の二つ目の道は、新しいコミュニティーに参加することだ。町内会や福祉活動などのボランティア活動の団体、あるいは趣味のグループなど、定年過ぎた人が参加できるグループはいろいろある。

新しいコミュニティーで、会社時代の経験がそのまま生かせるとは限らない。それが、会社人間がボランティア活動などに参加する時に、心すべきことだと聞く。

経理や法務に関わっていた人なら、自治会・町内会で重宝がられる可能性もあるが、会社での経験をまっさらにしないと、うまくできない仕事もある。しかもマネジメントなどでは、会社という営利組織では通っていたことが、町内会や福祉関係団体、その他さまざまなNPOなど非営利の団体では通用しない、ということも起きる。

ある大手メーカーの元社長が、部長時代に趣味の会の会長を任された時、会社と非営利団体の違いを痛感した、という話を読んだことがある。

企業の経営者ならば、命令という形で部下を動かし、もし意に従わないなら、場合によっては、更迭《こうてつ》などの荒っぽい手段を取る。それができるのは、会社が社員に給料を払っているからだ。

ところが趣味の会では、会長が会員に給料を払っているわけではない。逆に、会費を払ってもらっている。会員が勝手にやめるのも自由だ。組織のトップである会長でも、会員に何か頼もうと思えば、「これ、やってもらえませんか」などと下手に出ないと動いてくれないことも多い。それでも動かなければ、もう一度お願いするとか、時間をかけて説得する、人間関係の修復とか再構築を図るなど、もっと手間のかかる方法に頼らざるをえない。

その社長は、趣味の会のマネジメントをするには、会社経営の考え方に対し、発想の転換が必要だと気付き、やり方を変えていったら、会がうまく回るようになった、という。

ある福祉団体の理事長をしていて、マスコミでも時々出てくる人の話では、その団体によく、定年過ぎた元会社人間が「ボランティア活動をやりたい」と言って来るそうだ。ところが、入ってくると、実績も何もないのに、いきなり「私の部屋はどこですか」と聞きにくる人がいる、という。

その人は、「有名人がやっている団体」といった表面的なことだけに引かれて、ボランティア活動について何も分からずに、やってきたのだろう。しかも、自分の過去の役職を鼻にかけ、どこの団体に行っても専用の部屋をもらえる、というとんでもない思い違いをしている。こういう人には、ボランティア活動ばかりでなく、元の会社の再雇用で働くのも、難しそうだ。

若いうちなら、誤解に気づいて、やり直しをするのも簡単だが、年を取ると、軌道修正をするにも、発想を転換するにも時間がかかる。定年後、今まで縁のなかった世界に飛び込もう、と考えるならば、現役の時から、仕事以外でボランティア活動などに少しでも関わり、なじんでおいた方がよいだろう。そして実際に参加したら、それまでの自分の肩書きとか業績とか、思い切って捨てる覚悟も必要だ。

同じ会社で働き続ける――企業も協力すべき

定年後の生き方として、もう一つは、これまでの会社で働き続けることだ。

私の場合がそうだ。オーナー社長だから定年がない。私に限らず、自分の会社や店で長く働き続ける例は珍しくない。

二〇一三（平成二五）年四月から高年齢者雇用安定法の改正で、六〇歳でいったん定年後、希望があればさらに五年間、再雇用することが企業に義務付けられた。

わが社では以前から再雇用制度を整備している。さらに、特別な技術者などであれば、契約社員などの形で、六五歳を過ぎても雇用する場合もある。給料はふつう、現役時代の六割程度に落ちる。だが現場では、ボンベ一軒配達したらいくら、といった歩合制の仕事もあり、人によっては現役時と大差ない例も見られる。

この制度を利用して、六〇歳過ぎて、わが社で活躍している社員は多い。給料だけでなく、仕事の内容や役職も変わるのだが、それでも、六〇歳以後のポストに満足して、生き生きと働いている。

最近まで私の運転手をしていた社員は、かつては営業担当だった。この人のように、かつての実績や体面にとらわれないで、自分で納得がいけば、これまでと違う仕事でも引き受ける、という心構えも、定年後の生き方には求められるだろう。

給料は多少減ってもいいが、同じ会社に残りながら、仕事の内容やポストが変わること

入社したばかりのころの私。当時はこの会社で 80 歳過ぎても働き続けるとは、想像もしていなかった

に抵抗があり、同じ仕事ができないのは嫌だ、とあっさり会社を去ってしまう人が、実際には多いらしい。しかし、もっと柔軟に考えるべきだ。やめた後で、家族や新しいコミュニティーでの生活が充実できるならよいが、そこでもつまずいて、やることがなくなる恐れもある。

一つの会社に長く勤めれば、その会社、その業界に精通するようになる。身に付いている専門性は、再雇用により、たとえ仕事の内容や自分の肩書が変わったとしても、仕事の役に立ち、自信にもつながる。しかも、慣れた環境だから働きやすく、心身の健康を保ちやすい、など、当人にとって好ましい点はいくつもあるだろう。

60歳以上の社員が会社にもたらすメリットは大きい
定年の延長に、行政も企業も一般の人々ももっと力を入れるべき

定年後も生き生きと働く先輩がいると、勇気が出ます。
まだまだこの会社で頑張るから、よろしく。
お客さまとのトラブルのことで相談にのってほしいのですが。

会社側も、社員が長く働き続けられるよう、定年制度を改めることに積極的になるべきだと思う。

昭和三〇（一九五五）年ごろ、一般の会社の定年は五〇歳だった。当時の平均寿命は六三歳だったので、これで十分だった。それから六〇年近くたった今、平均寿命は八二歳と、一九年も長くなった。ところが定年は六〇歳で、一〇年しか増えていないのだ。これはおかしいのではないか。

もっと、長く働き続けられるよう、企業も努力すべきだ。厚生労働省でも、六五歳定年制を推進する施

策に取り組んでいるが、まだ不十分だ。

確かに、六〇歳過ぎの人を雇用するには、敏捷性や柔軟性、新しいことを身につける力などが若い人より落ち、健康上のリスクが高まるなど、会社にとってデメリットがある。その一方、経験と知識は豊富で、指導力、危機対応力など、期待できる能力はいろいろあり、メリットは小さくない。

社会全体でも、企業や行政に対し、年を取っても働き続けられる体制の必要性をもっと訴えるべきではないか。それによって生き生きとした高齢者が増えれば、全体としては、高齢化で医療費が増える問題も、解決していくような気がする。

三五～四〇歳で転職するのも一つの選択

学校を卒業して就職した後、同じ会社に何十年も働き続ける必要はない。私の経験から見て、一つの会社に入って働き続けて、だいたい三五歳から四〇歳の間に、一度、転機が訪れる。その時に転職に挑んでみるのもいいのではないか。転職してから三〇年間ぐらい働いて、六五歳とか七〇歳まで働き続ける、という選択もこれから大切になるだろう。

なぜ三五歳から四〇歳までの時期かというと、このころが一番、仕事に対する充実感が得られる。同時に、この仕事を続けて将来どうなるか、という疑問も湧《わ》くころだからだ。

この時期はまた、同世代の間で、格差がはっきりしてくる時でもある。しかし、その会社で同僚に水をあけられたからと言って、あきらめることはない。そういう人が他の会社に移って、それまで本人も気付かなかった能力を発揮したりして、伸びる例は少なくない。しかもよいことに、年齢でも経験の上でも、転職先が比較的、見つかりやすい時期だろう。

こういうわけで、転職するのも一つの道だが、この時期に自分を見つめ直した末、よいと思ったら会社に残ってもよいのだ。そう決めたら後はもう迷わず、一つの会社を全うする。それも生き方として正しいと思う。

もう一つ、会社で長く積み重ねた経験を生かして、定年後に起業する、という道もある。多くの場合、同じ会社で働き続けることの「発展形」と言えるかもしれない。退職金をつぎ込んで、結局、失敗したという話を時々聞くが、その一方、現役時代に築いたネットワークなどを生かして、成功している人にも出会う。

安易な考えで始めたり、人にだまされたりして失敗するのは困るが、意欲があって、事前によく準備して、定年後という世代にふさわしい事業が立ち上げられるのなら、挑戦するのもよいだろう。

最後まで有意義に生きる形を見つける

人生をいつも前向きで考え、勇気をもって挑戦していくべきだ。

今がよければいい、と現役時代に、退職後の生活の準備を何もしないまま定年を迎えたら、その先は暗い。そのまま寂しく、つまらない毎日を一〇年、二〇年と続け、最後は独り寂しく死んでいく。そういう状況にみるみる落ちてしまう可能性が高い。

人が八〇歳、九〇歳という長い人生を、最後まで有意義に生きる形を見つけだしていくことは、自分のためだけではない。次の時代に生きる人のためにもなるのだ。

私もそのことを心に留めながら、これからもチャレンジを続けていきたい。そして、私の考え方に賛同し、この思いを受け継いでくれる人を増やしていきたい。まだまだ、やることはたくさんある。

第二部

未来のエネルギーをどうするか

ガスと水のビジネスの挑戦者として

第一章

資本金一五万で二〇〇〇億円の会社と合弁

三〇年も前に家庭で電気をつくるシステムに着目

家庭で電気をつくる。

そう聞いて、今の人は誰も、奇妙なこととは思わないだろう。屋根に太陽光発電システムが載っている家は、増えている。最近、ガス販売店などで販売している「エネファーム」や「エコウィル」という機械も、LPガスや都市ガスをもとに、家庭で電気をつくるシステムで、これらの普及も進んでいる。

しかし、今から三〇年ぐらい前は違った。私が「これからは家庭で電気をつくる時代が来る」と言っても、誰も本気で聞いてくれなかった。一九八五（昭和六〇）年に日本コージェネレーション研究会（現・一般財団法人コージェネレーション・エネルギー高度利用センター）という、エネルギーの事業者や研究者の集まりが発足した際、わが社も参加して、家庭用コージェネの話をしたら、「そんなもの、あり得ない」と素気なくされた。こんなことを言う私のことを、陰で「おかしいんじゃないの」と言われたことさえあった。

そういう時代だった一九八六（昭和六一）年、家庭で電気をつくるシステムの開発・研究のため、私の会社と、三井物産と合弁でアメリカにダブル・エナジー・システムズ社、略してＤＥＳ（デス）という会社をつくった。ヴァン・ウェルド社という技術者集団の、今でいえばベンチャー企業を買収して立ち上げた。新会社の資本金は一億円で、わが社と三井物産が五千万円ずつ出した。

私の会社は当時、カマタ株式会社といった。資本金は、一九四二（昭和一七）年の創業時と同じ一五万円。相手の三井物産の資本金は約二〇〇〇億円だった。

わが社から見れば、三井物産という世界を股にかけて「超」の付くような大企業がパートナーになってくれるなら、ぜひ一緒に、という思いだった。だが、三井物産から見れば、われわれは資本金がたった一五万の小さな会社だ。そこと対等に組んだのである。今思うと、「われわれもよくやったが、三井物産もよく思い切ってくれたものだ」という気がする。

デスで目指したのは、家庭用のコージェネレーション・システム（以下「コージェネ」）で、今で言う「エコウィル」だ。しかし三〇年近く前には、エコウィルはもちろん、コージェネレーションなどという言葉も認知されていなかった。

コージェネは英語で co-generation system、日本語では「熱併給発電システム」と訳されている。いろいろ種類があるが、当時、われわれが考えたのは、ＬＰガスを燃料とするエンジンの発電機で電気をつくり、併せて、発電時に出る熱を利用してお湯をつくるものだ。ＬＰガスは石油などと比べて二酸化炭素排出量が少なく、しかも、エンジンから出る熱も利用するので燃料の有効利用につながり、地球に優しいシステムである。

どこでもやっていないシステムなら、わが社でやろう

デスを立ち上げる前に、既にアメリカではこのシステムの開発が進み、実用化していた。その資料をもとに、わが社では一九八五（昭和六〇）年、静岡県御殿場《ごてんば》にある当社の保養所にコージェネを設置した。ＬＰガスを燃料に、最大出力一六キロワット級だった。

一六キロワット級というのは、保養所のように、一般の住宅より部屋も収容人数も多い施設向けである。出力をこの半分程度にして、システムの大きさもできるだけコンパクトにしたものを、家庭向けとして販売すれば、普及するのではないか。御殿場に設けたシステムを見ながら、そういう考えが生まれた。

このシステムは、遠く離れた発電所から、長い電線で電気を引いてくるのと比べると、エネルギーのロスがほとんどない。石油、天然ガスなどエネルギー源の九九％を輸入に頼っている日本で、エネルギーの効率利用は大きな課題である。

そのことを訴えて回れば、必ず家庭で電気をつくるシステムへの関心が高まる。それ以前の一九七〇年代に石油ショックを経験し、エネルギー資源に限りがあるのを実感した日本では、「省エネ」という言葉が広まっていた。もともと日本人は「資源を無駄にしてはもったいない。今あるものを大切に使おう」という意識の強い国民だ。必ずこのシステムの意義を理解し、導入を考えてくれるだろう。そう信じて、私はチャレンジすることにした。

当時、アメリカなどで実用化していたコージェネは、施設向けばかりで、各家庭に一基という考え方もなかった。ＬＰガスを燃料にするものも見かけない。わが社が開発したいのは、ＬＰガス向けの家庭用システムだ。どこでもやっていないのなら、わが社でやろう。

アメリカには、コージェネの研究・開発をしている会社がいくつかあるようだ。まずは、そういう会社に当たってみよう、と考えて、三井物産のロサンゼルス支店にいた友人に相談した。これが合弁会社の話の始まりである。

同社ロス支店で、現地のコージェネの会社について調べてもらった結果、ニューメキシコ州のアルバカーキという工業都市に、手を組めそうな会社が見つかった。それがヴァン・ウェルド社である。

一緒に挑戦するには最適のパートナーだったが

ＬＰガスによる家庭用コージェネの開発という話に、三井物産ロス支店の社員も大いに関心を寄せた。

家庭で電気をつくる、という発想が全くなかった時代、まさに夢のような話であった。そんな画期的なものが、わが社と組むことで実現するかもしれない。カマタのアイデアにかけてみよう、と思ったのだろう。新しいものを次々と発するアメリカにある支店でさえ、大会社という組織の中にいると、考えることが枠に収まるものだ。そういうことも、当社に興味をもった理由の一つだろう。そして、われわれの熱意も感じ取ってくれたのだと思う。

こうして、資本金の額で一三三万倍も差のある三井物産と、対等、つまり五〇％ずつ出

1985年ごろ、コージェネ開発のため訪れたヴァン・ウェルド社で。右端が私

資してヴァン・ウェルド社を買収し、合弁会社をつくった。所在地は、アルバカーキは遠くて不便だからと、アメリカ西海岸のサン・ディエゴにした。

この会社で、最初に開発したのは三キロワット級のコージェネだった。さらに改良を重ねて、家庭向けにちょうどよい七キロワット級のコージェネを製品化し、カマタと三井物産の頭文字をとって「ＫＭ７《セブン》」と名付けた。

ＫＭ７は、日本とアメリカで合わせて、確か七〇基ほど製造・販売した。しかし、開発費を回収できるほどの利益はすぐに出ない。さらに開発費をかければ、よりよい商品ができ、お金も回るようになるだろう。そういう

幅60cm、高さ150cmのユニットにまとめたKM7（販売用チラシから）

見込みから、三井物産ロス支店は、もっと資金を出そうと提案してきた。お金をどんどんつぎ込んで早く結果を出そう、という考え方である。

出資金は半々だから、追加の資金もわが社も同じ額、出さなければならない。同じ夢に向かって挑戦を続ける、という意味では最適なパートナーだったが、出資のスピードの違いから、一緒にやっていくのが難しくなってきた。無理をすれば、本体の会社まで危なくなる。そう考えて、二年ほどでデスは解散した。

夢を追えば後からもうけは付いてくる

それでも、コージェネをビジネスとして成功させよう、という夢はあきらめなかった。その後は、わが社単独でコージェネの研究・開発を続け、家庭用を中心に販売にも力を入れるようになった。

最近、エコウィルやエネファームの広告や、販売している様子などを見ると、三〇年近く前、KM7を営業して回ったことが思い出され、ようやく世の中が追い付いてきた、という気がしてくる。

あのころのわが社では、家庭用コージェネを売るため、全国のLPガス販売店のうち、比較的規模の大きい二〇〇社ぐらいを回って営業した。

コージェネは省エネルギーで、お湯もできるので、長い目で見れば光熱費の節約になる、などと訴えて回ったのだが、期待したほどの反応はなかなか得られない。第一、ガスで電気がつくれることが分かってもらえない。まず、そこから説明しなければならなかった。値段が安くないのも、話に乗ってもらえない一因だった。

われわれの願いは、もうけることではなかった。燃料を輸入に頼っている日本で、エネルギーをいかに効率よく使うかは、近い将来、必ず大きな課題となる。今は採算が合わなくても、未来の日本を守るためにぜひ普及させたい。そういう夢が先にあった。夢を追えばもうけは後から付いてくる、と信じていた。

その思いが通じて事業所や病院など、規模の大きいものを導入するところが少しずつ出てきた。一九八九（平成元）年には、福岡市の老人保健施設、マザーテレサ・ケア院に三六〇キロワット級という、大規模なコージェネを納めることができた。

いったん「前進のための退却」。新技術の研究・開発も

わが社のコージェネの取り組みは、御殿場の保養所に、営業のパートナーである販売店の店主や、コージェネ導入を提案したい経営者らを招いて、積極的に公開した。コージェネでできる湯のお風呂につかってもらう方が、事務所で写真を見せて売り込むより、ずっと効果的である。保養所に招いたことがきっかけで、事業所に導入した企業もあった。

同業者も、ガスの需要拡大を図るための、新たな技術として興味を示すところが出てきて、いくつかの事業者とは取引もあった。

ただ、まだ開発したばかりで、不備もあり、システムの不具合が出ることが多かった。それをフォローするためにコストがかかるので、利益がなかなか出ない。そこでいったん、製造・販売を止めて開発に集中することにした。いわば「前進のための退却」であった。

それまで取り組んできたエンジンで発電するコージェネに加えて、化学反応を利用してガスで発電する燃料電池システムや、太陽光発電システムの研究・開発にも取り組んだ。

そして、三年前の東日本大震災をきっかけに、長い間、ビジネスとして成り立つかどうか分からなかったコージェネの事業に、大きなチャンスが訪れた。震災より二五年も前に、資金的にはかなり背伸びをしながらも、三井物産と組んで研究・開発に力を注いだことが、ようやく確かな意味を持つようになった。

第二章

会社の五年先、一〇年先を考える

エネルギーの未来のため挑戦を繰り返してきた

なぜ私が三〇年近く前から、コージェネに取り組んだのか。その答えを一言でいえば、会社の事業を通じていつもエネルギーのことを考え、その未来のために挑戦を繰り返してきたからだ。その過程で出会ったのがコージェネであった。

前にも述べたように、私の会社の始まりは、父が現在の品川区東中延で起こした練炭（当時はふつう「煉炭」と書いた）の製造・卸売の会社である。私の子どものころは、中《なか》延《のぶ》煉炭製作所といったが、戦争中、国策で中小企業の整理が行われた際、アサヒ煉炭という会社と合併して蒲田《かまた》煉炭有限会社になった。

私が正式に社員になったのは一九五五（昭和三〇）年だが、その三年ほど前の大学院在学中から、父の運転手や相談相手などの形で関わった。入社して数年ほどたつと、練炭の将来に疑問を感じるようになった。

練炭は、燃やした後に灰が出る。舗装道路がほとんどないころは、それを道ばたに捨てればよかった。しかし昭和三〇年代半ばから、一九六四（昭和三九）年の東京オリンピックに向けて都市整備が進み、道路はみるみる舗装されていった。このまま行けば、灰の捨て場所がなくなる。そうなったら、業者がコストをかけて回収するか、消費者がそっぽを向くか、どちらかだ。昭和三〇年代はまだ需要が上向いていたが、一〇年もすれば厳しくなるのは明らかだった。

会社の将来のために、練炭に代わるエネルギー源を探るべきだ。そう考えてまず灯油の販売に乗り出したが、間もなく灯油は練炭の代わりにならない、と気付いた。独特の強い臭いを発するので、暖房用ならよいが、微妙な味にこだわり、食べ物の香りも大切にする日本人の台所には不向きである。

次に注目したのがＬＰガスである。「プロパンガス」と呼ばれているもので、成分の多くはプロパン、それにブタンも少し含んでいる。臭いはない。一般に言われる「タマネギが腐ったような臭い」は万が一、漏れた時、すぐ気付くようにわざわざ付けてあるもので、正しく使っていれば臭わない。練炭の代わりに普及させるなら、灯油ではなくＬＰガスがいいと考えた。

変化に乗るべきと、反対を振り切りＬＰガスに転換

ＬＰガスは、液化石油ガス（Liquefied Petroleum Gas）の略。常温では、プロパンが約九気圧で、ブタンは約二気圧で液化して、体積が二五〇分の一に減るので、運搬しやすい、という特徴がある。より液化しやすいブタンは、ガスライターに利用されている。

プロパンもブタンも、石油を採掘する時に一緒に排出され、また、石油を精製する過程でも出てくるので「随伴ガス」とも呼ばれる。油田から石油と一緒に噴き出すガスを、かつては全て燃やしていた。中東の油田を撮った映像で、細長い煙突のような塔から炎が上がっている様子が見られる。あれは油田から出る随伴ガスを燃やしているからだが、最近は燃やさずに、利用される部分が増えてきた。

また日本の石油精製工場でも、以前はこれらのガスを捨てていた。燃料のほとんどを輸入している日本で、何ともったいないことか、ということで、昭和二七（一九五二）年ごろから「プロパンガス」として販売されるようになった。その後、需要が伸びたことから、油田から出るＬＰガスの輸入も進んでいった。現在販売されているＬＰガスのうち、

当社で初めてLPガス充填所を設けた時の開所式。正面の建物は練炭の保管庫、左奥が充填所

石油精製過程で出るものと、油田などから出るものの割合は大体、二対八ぐらいである。

　ＬＰガス事業を始めるには、充填《じゅうてん》所を建設し、各家庭に配るためのボンベをそろえなければならない。私は経理を預かり、会社の資金状況を把握していたので、万が一失敗しても、何とか持ち応えられると見込み、会社にＬＰガスをやろう、と提案した。しかし一緒に経営に携わる家族は、そんなリスクを負ってまで新しい事業を始めることはない、と猛反対した。

　私は当時、社長ではなかったが、経営陣の一人として会社の将来を思った。常に時代の変化を予想して、それに沿えるよう会社を変えていくことは、経営者の務めではないか。

会社の存続を本当に危うくするのは、新しい事業に挑むことではなく、変化に乗り遅れることだ。そう信じて、家族の意見を振り切り、一人で新しい事業を始めた。

二五億円の会社の買収に成功。当時の資本金は一五万円

昭和三〇年代から四〇年代にかけて、東京とその周辺の人口は急増して、住宅地は中心部からどんどん外へと広がっていった。

都市ガス事業者は、できたばかりの新興住宅地に、すぐには進出してこない。進出するには、その地域にガス管を張り巡らす工事のため、大きな投資が必要になる。それに見合う利益が確保できるほどの世帯数が集まったところで、営業申請をして、許可が下りたら一気に配管するのである。それまでは、LPガス事業者が家庭用エネルギーの主力となり、顧客を増やすことができた。

LPガス事業を始めて七年後、練炭事業から完全に撤退した。練炭は、創業以来二七年、父が起こした中延煉炭から数えれば四〇年近くも続け、しかも、当時はまだ利益を上

げていた。その事業をすっぱりやめるのは、自分で自分を食うようなもので、簡単ではない。

しかし私は、練炭の先行きを見通して、ガス一本という道にチャレンジした。「身を捨ててこそ、浮かぶ瀬もある」という気持ちだった。練炭を切ったことは、ガス事業の発展の力を高め、会社にとってよかったのは明らかだ。

九州にも進出した。東京やその周辺では、都市ガスの方が料金が安いので、都市ガスが広がってくると、競争が難しくなった。九州は都市ガスとの価格差がなく、頑張れば東京以上に発展できる、と見込んだからだ。

縁もゆかりもない土地なので、出ていった当初は大変だった。苦労の末、福岡から鹿児島、大分、熊本の各県へ広げることができた。

九州で成功した要因の一つは、一九八八（昭和六三）年、鹿児島県内で約二万一〇〇〇世帯にLPガスを供給していた、鹿屋《かのや》ガスという会社を買収したことだ。土地と建物、設備、商権を併せて二五億円という規模の会社だった。

当時のわが社の資本金はまだ一五万円である。しかも同じ会社を、大手ガス会社なども狙っていた。その競争に勝てた理由は、決断のスピードで大企業に差を付けたことと、一つの銀行だけと取引を続ける「一行取引」で培った銀行の信用で、すぐに多額の融資を受けられたことだ。

ちなみに、わが社の資本金が一五万円を超えたのは一九八九（平成元）年一二月、商法改正で資本金は最低一〇〇〇万円という規定ができると分かり、増資が必要になったからだ。一回の増資でもとの四倍の額までしか上げられないので、何回にも分けて、一九九三（平成五）年、二〇七〇万円にまで引き上げた。

ＬＰガスは都市ガスに劣らない。カロリーも高い

やがて首都圏では、都市ガスとの競争がますます激しくなった。人口がまばらな段階では進出してこない都市ガスが、住民がある程度まで増えると入ってくる。すると、ＬＰガスの顧客はあっという間に都市ガスに乗り換えていく。

理由の一つは都市ガスのイメージである。一般に使われていた「プロパンガス」という言葉に、危ない、古い、いなかの（都市的でない）、といったイメージがつきまとい、「都市ガスを使っている」と言えば、格好よいように思われている。

プロパンはＬＰガスの主成分で、ＬＰガスをプロパンガスと呼ぶなら、都市ガスも、主成分の名前をとってメタンガスと呼ぶべきである。法律用語では、ＬＰガスは「液化石油ガス」、都市ガスは「一般ガス」である。ところがなぜか「都市ガス」が通称となり、ＬＰガスより文化的、高級、ファッショナブル、便利といったイメージを備えているのである。

しかし、全くの誤解である。ＬＰガスは不便でもなければ、都市ガスより劣るわけではない。だいいち、ＬＰガスの方が燃やした時に発するカロリーが高いのである。

私は日ごろ「カロリーとは文化である」と言っている。

家庭で使われる燃料は薪《まき》や炭から練炭、さらに石油、ガスへと変化してきた。変わるたびに、燃料が燃える時に出るカロリーは増え、同時に、生活はより便利で文化的になってきた。ガス化により、台所は使いやすいシステム・キッチンになり、台所の空間はより美しくなった。瞬間湯沸かし器が普及し、真冬に冷たい水で食器を洗う苦労を解消した。風呂は使い勝手がよくなり、水温調整も容易になった。生活の利便性が向上し、文化度が高まったのである。

この考え方から言えば、都市ガスよりＬＰガスの方がカロリーが高いのだから、使って

当社のショールームでもシステム・キッチンなど、LPガスを利用して生活をより便利にする住宅設備機器を紹介＝レモンタウン八王子

いる人の文化度は、ＬＰガス利用者の方が高い、ということになる。

実際、料理の文化ではＬＰガスの方が上位にある、と言っても過言ではない。都市ガスが整備されているところでも、一流レストランの調理場などではＬＰガスを利用しているところが多い。フランスのパリを視察したことがあるが、都市ガスが普及していても、有名なレストランではＬＰガスを使っていた。

ただ、カロリーが高いことが「怖い」というマイナス・イメージを引き出してしまうことはあるようだ。こういう先入観は、いわば、体の大きな人と小さな人がいると、大きな人の方が怖いと思われてしまうのと同じような気がする。優しさや付き合いやすさは、体の大きさには関係ないのだが、つい、そういう目で見られがちである。しかし事故の発生件数は、都市ガスの方が多いのだ。

消費者の立場からさまざまな改革を進める

ＬＰガスのイメージを高め、都市ガスに劣らないことを多くの人に理解してもらいたい。「爆発すると怖い」という一般の人の先入観を取り払い、「より安全なガス」というイメージを広めたい。そういう思いから、ガス漏れ・ガス切れの防止を期して、電話回線を使ってガスの消費量の変化を二四時間監視する、ＬＰガス集中監視システムの開発・普及にも取り組んだ。

このシステムには、「一年中、休まず見守る」という意味合いで「ガード３６５」と名付けた。わが社のエンドユーザーに設置するとともに、ハンバーガー・チェーンのマクドナルドをはじめ、大量のＬＰガスを使う業務用などにも設置し、累計で三〇万台にもなった。他のＬＰガス事業者も次々と同様のシステムを開発していき、この動きは、全国で、ＬＰガス利用の安全化と高度化につながった。

この取り組みの前から、業界に先駆けてコンピューター技術に着目して、導入を進めていた。まず一九七七（昭和五二）年、社内に電算室を設け、最初は配送業務の合理化にITを活用した。さらに八三（昭和五八）年には電算室を独立させ、システム開発・販売の株式会社コムネットイレブンを設立、これがLPガス集中監視システム開発の足掛かりになった。

今では当たり前の「二部料金制」をLPガス業界に普及させたのも、私だ。

かつてのLPガスは、ガスボンベ一本いくらで販売していたが、一九六五（昭和四〇）年にメーター制に移行した。

そのスタート時は「最低料金制」といって、毎月、検針して、最低二立方メートル分を徴収し、それより多い分は従量料金制だった。一方、都市ガスは以前から二部料金制である。つまり、供給に必要な設備にかかる「基本料金」と、ガス・メーターで測った消費量にかけられる「従量料金」とに分けて徴収する。LPガスも同じようにすべき、とわが社が先駆けて二部料金制を実施し、業界に提案した。

抵抗は大きかったが、やはり消費者に納得される料金体系にしていくべき、と一九八八（昭和六三）年、業界全体で二部料金制を導入した。今では、LPガス利用者のほぼ九

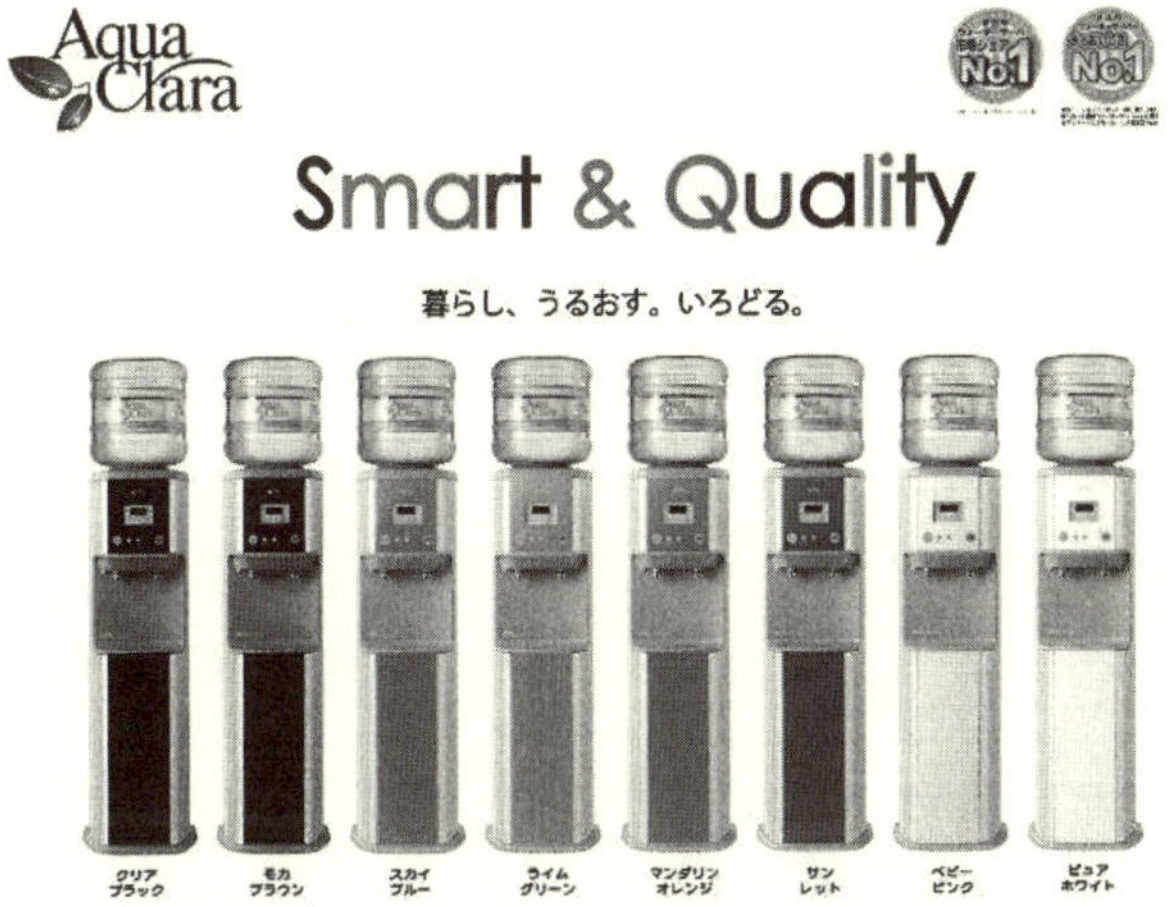

九％が、この体系で支払っていると見られる。

宅配水事業に参入
「二一世紀は水とガスの時代」

ＬＰガス料金の支払いを、都市ガスと同様、コンビニでできるようにもした。

その取り組みがきっかけで、ペットボトル飲料がよく売れていることを知る。そこで思ったのは、飲料水を売るビジネスがこれから伸びそうだ。ただし、捨てられてしまうペットボトルに入れるのでは、無駄が大きいので、長続きしないだろう、ということだった。そこから、容量が大きく、何度でも使えるボトル入りの水の宅配事業に関心を持ち、二〇〇五（平成一七）年、水の事業のために、新しくアクアクララ株式会社を設立した。

その四年前の二〇〇一（平成一三）年、長兄に代わって社長に就いた。わが社のLPガス事業はこのころ、始めてからほぼ四〇年が経過し、既に成熟期に入っていた。会社を次代につなぐため、次の展開を探っていた時でもあった。

私は考えた。二一世紀は水の時代だ、と。

一九世紀は石炭の時代だった。手工業から重工業に移り、より高いエネルギーをつくる燃料として石炭の需要が高まり、石炭の消費量が伸びた。二〇世紀には、石油の時代が来た。科学技術が急激に進歩し、機械化、モータリゼーション、IT化などを追求する社会では、石炭より高エネルギーで、生産コストの安い石油が脚光を浴びた。続いてプロパン、メタンなどの天然ガスも求められた。

こうした変遷の中で、わが社も石炭を原料とする練炭から始まり、石油、LPガスへと転換した。やがて、ひたすら突き進む時代は終わり、何が本当に必要なのかを見直す時代が来たとき、水の大切さと、その危機が浮かび上がった。

水の供給は、電気やガスと同じ、ライフラインである。しかも、石油やガスはなくても人は生きられるが、水なしでは生きられない。阪神淡路大震災でも、東日本大震災でも、被災して全てを失った人々にとって、最も必要とされたのは飲料水だった。

さらに目を世界に広げると、地球全体の水不足という重大な危機が、すぐそこに迫っている。二〇二五年には、世界の人口の約三分の二近くが、何らかの形で飲料水の問題を抱えるだろう、という予測もある。

これからの「水の時代」には、安全でおいしい水を、環境に配慮した形で人々に届けることが、世界で最も必要とされる仕事になるだろう。そういう思いから、水のビジネスへの挑戦を決意した。

当初、アクアクララジャパンという会社の下で水の宅配事業をやっていたが、この会社が傾き、その経営を引き継ぐ会社のコンペに参加したところ、応募した二〇社の中から選ばれた。最終審査に残った六社のうち、当社以外はみな一部上場企業だった。その中でなぜ選ばれたのかよく分からないが、運があったのだろう。事業にとって運も大事だ、とつくづく思った。

水の事業はガスの会社とは分けた方がいいだろう、とアクアクララを設立したものの、最初の三年間、赤字が続いた。水一二リットル入りのボトルと、それを室内に置いて水を注ぐためのウォーターサーバーと呼ばれる装置に、初期投資がかかることが一因だった。

それでも五年後には、宅配水業者として国内ナンバーワンまで上ることができた。

ＬＰガス事業は、きょうまで五〇年以上やって、現在、約三〇万世帯の顧客を抱える。一方、宅配水は八年間で約五〇万世帯である。このことからも、この事業の発展力の大きさを感じ取っている。

さらに昨今、火力発電所が再び注目されるようになり、天然ガスに対する期待も高まってきた。そこで今は「二一世紀は水とガスの時代だ」という思いを強くしている。

第三章
自分の会社だけでは発展できない

現状の肯定・否定・変革の三つの視点で考える

経営者は一〇年先、二〇年先を見ながら経営戦略を考えなければならない。それが、会社を、練炭からLPガスへと切り替え、さらに水の事業やコージェネの開発という新事業に挑戦してきた私の信念である。

会社の将来の方針を考える時、私は「現状の肯定」「現状の否定」「現状の変革」という三つの視点を持つよう努めている。

「現状の肯定」とは、今の事業を、形を変えずに発展させることだ。LPガス事業で言えば、ガスレンジや給湯器といったガス機器によるLPガスの消費量を高めて、売上を増やすことだ。「現状の否定」とは、ガスではない事業を進めること、当社でいえば水の事業だ。「現状の変革」は、LPガスの事業を伸ばすために、新しいものを始めることであり、LPガスで電気をつくるエネルギー事業は、まさにこれである。

会社を安定的に発展させるには、この三方向の事業をうまく合わせることが大切である。

しかし、自分の会社だけで伸びよう、と考えてはいけない。私が会社の仕事に必死になる中で、常に心がけてきたことは、得意先である販売店と一体となって発展することだ。

ＬＰガス事業を手掛けた当初は、わが社も販売店も顧客づくりに必死だった。販売店を育てることは、わが社の利益を上げることにつながる。そのため、販売店が自前で用意していたガスボンベを、わが社で安く貸すシステムを設けたりして、店の顧客獲得を応援した。

経営に役立つ情報の提供にも努め、今も続けている。例年、得意先、取引先、マスコミ関係者などを招いて新年会などを開いており、そこで私は講話を受け持ち、ビジネスに関連したタイムリーな話題を取り上げてきた。

また得意先の店主やその奥さんのための旅行会、観劇会なども毎年、実施した。個人の海外旅行が今のように手軽でなく、しかも共産主義国の入国手続きが困難だった時代に、

2013年の「新春の会」で＝東京・帝国ホテル

東欧諸国を回るツアーを催すなど、珍しい企画を立てた。新年の会でも、テレビでおなじみのタレントや歌手、有名な評論家らに出演してもらい、毎回、楽しみに来てもらえるようにしている。

一〇年先の予想が確かに当たっていた

こうした私の努力は、本当に販売店の支えになったのだろうか。客観的な意見もあった方がよいと考えて、長年お付き合いのある販売店に今、振り返ってどう思っているのか、などを聞いてみた。

まず、神奈川県相模原市の株式会社深沢商会代表取締役の深沢康夫さんに伺った。同社の開業以前、薪炭《しんたん》を扱う店で働いていたころからの知り合いである。

「『私が応援するから出しなさい』と背中を押されて、お店を出す踏ん切りが付いたのです。一九六六（昭和四一）年にお店を出してから、一～二年は石油販売もやりましたが、その後は、会長の『これからはLPガスの時代』という言葉が示唆となって、ガス一本に絞りました。周辺のガス事業者は酒屋さんや米屋さんの兼業が多かった中、『深沢さんはガス専門だから』ということで、お客さんの信用を得ることもできました」

さらに「レモンガスはいつも、販売店の側に立って考えてくれています。そういう面でもありがたく思っています」とも言われた。

奥さんの幸子さんからも「会長はいつも一〇年先を読んでいます。毎年、新年会で会長のお話を伺うと、その時は『本当にそうなるのかしら』と首をかしげることもありました。でもその通り、時代が動いてきたのです。業界全体も、会長がリーダーとなって引っ張っているという印象を受けます」というコメントをいただいた。

神奈川県川崎市の株式会社田中泰治商店の代表取締役社長、田中薫さんは「レモンガスとの付き合いでは、いつも導いてもらっている、と感じています。この先も、経営の課題に対応するため、力を貸していただきたい、と思っているところです」

現在、同店取締役会長の田中泰治さんには、わが社のＬＰガス事業の草創期に、地域の他の販売店とともに顧客となり、強く支えていただいた。泰治さんは「赤津会長と初めて会ったころ、決断力があると感心した。毎年、新年会では、五年先一〇年先のことを考えて、今どうしたらいいか、という話をしている。あの『先を読む力』が今、必要になっている。これからのわれわれの事業についても、会長からご意見を聞きながらやっていきたい」と話された。

静岡県御殿場市に、わが社の保養所があり、そこに顧客を招待することもある。泰治さんは「御殿場の保養所に行くと、コージェネレーションとか燃料電池とかあって、私たちには機械のことも商売の可能性も分からなかったけれど、会長が挑戦を繰り返していることだけは分かりました。一生懸命打ち込んでいる姿には驚かされましたね」と思い出を語られた。

依頼に対しスピーディーに決断して対応

わが社のＬＰガス事業は、東京・蒲田に充填所を設けてスタートし、一九六四（昭和三九）年には東京の西部、立川に二番目の充填所をもった。蒲田と立川を車で往復していたころ、縁ができた東京都町田市の平本商事株式会社代表取締役会長の平本修三さんには「レモンガスがアクアクララを始めたとき、さすが、時代の動きを読んでいるな、と感じました」と言っていただいた。

「新たに水の事業を始めて、エネルギーに水も加えた。これは、世界という広い視野に立って、将来を考えているから、できることですよ。いつも時代の波の上に乗っていて、それに、われわれ販売店は付いてきた。中には後継者がいないなどの事情で脱落してしまった店もあるけれど。赤津さんはリーダーシップがあるが、強引に付いてこさせるのではなく、説得させて引っ張っていくところがいいですね」

東京都東大和市の株式会社クボタ代表取締役社長、窪田廣さんも、立川充填所を開いて間もないころからのお付き合いだ。

「ほかのガスの問屋と比べて、決断が早いところが助かりました。何か頼むと、即決で、いろいろと協力してくれました。うちはこの辺りのガス屋さんの中では、一番後から始めたのですが、カマタのバックアップもあったから、お客さんを増やし、店をここまで大きくすることができたのです」

また「会長の経営センスがいい。他の人が考えられないようなことをしてきましたよね。われわれ販売店はそういうところを学びたいし、反対に、エンドユーザーと直結するわれわれだからこそ提供できる情報もあるので、会長とのコミュニケーションの機会をもっと増やしてほしい」というご要望も伺った。

先駆的な取り組みは得意先にもメリットに

一九七七（昭和五二）年には埼玉県東松山市に埼玉支店を置き、東松山充填所を開いた。埼玉進出を決めて、東松山工業団地に土地を購入したが、地元のガス卸売業者の反対が大きく、その影響で県の建設許可がなかなか下りなくて、苦労した。充填所を開いても、卸売業者が販売店に対し、カマタと取引しないように、と働きかけたので、お客がなかなかできない。

そういう中で、最初の顧客となったのが株式会社タカサカの代表取締役、亀山幸男さんである。

「地元のガスの問屋から『カマタという会社はとんでもない会社だ。小売もやっていて、買収されるぞ』という脅しまでありました。それに対して私は、面白いな、何でみんな、悪口を言うのかな、何で小売りまで巻き込んで反対するの？　と興味を持ったのです。みんなに嫌われるのは、きっと何かあるんだ、と。話を聞いたら、配送までやってくれて、コンピューターを使ってしっかりやっている。面倒見がよさそうだな、と思いました」

開所当時の東松山充填所

そう振り返る幸男さんの隣で、奥さんの美代子さんは「カマタさんのおかげで、配送の心配がなくなったので、遠方のお客さんもとれるようになりました。その後、ガード365（当社が開発した、マイコンメーターと通信機能で、各家庭のLPガス残量を管理するシステム）ができたときも、うちは積極的に取り付けました。それまでは遠くのお客さんのガス残量を確かめるのが大変でしたから、遠方のお客さんから順に付けました。ガード365も、新規の伸びにつながりましたね」と話された。

幸男さんはまた「カマタとは一心同体。そうでなければ、販売店もやっていけないと思うのです。『販売店とともにやっていきましょう』という姿勢は、きっとこれからも貫いてくれると信じています」という言葉も下さった。

埼玉県寄居町の花園ガス株式会社代表取締役の中川武さんには、一九八二（昭和五七）の開業時から取り引きいただいている。

「カマタを選んだのは正解でした。商売をうまくやるためには、問屋を選ぶことが大切です。金銭的なことだけでなく、よいパートナー関係をつくる、ということでも大きな意味を持つのです。そういう点で、販売店の側に立って考えてくれるカマタを選んでよかった」

また、こんな話もされた。

「開業して数年後、専務（私のこと）が業界に二部料金制を提案しました。今では当たり前ですが、当時は反対意見も多かったのです。私は、これからは、使った分のガス料金と設備工事費などは別にすべき、という考え方に共鳴して、早くから二部料金制にしました。私が始めたので、地元のほかの業者も比較的早くから採り入れ、『花園さんに勧められて二部料金にしてよかった』と感謝されました」

これまでの愛顧に甘えず未来志向の関係を目指す

このように、販売店からさまざまな声をいただき、とてもありがたく思っている。旅行会、集中監視システム、二部料金制など、私が努力して進めてきたことが、各店の支援につながっているという実感が確かになり、うれしい。

一方、これからレモンガスとの関係をどう築いていただくか、という点では課題も見えてきた。

お付き合いを始めてから二〇年、三〇年と時間がたつ中で、当社も変われば、販売店の側も、企業規模や業務内容の変化、経営者の世代交代などが起こり変わってきた。わが社はそういう変化にしっかり目を向け、販売店と未来志向で新しい関係づくりを進めなければならない、という思いを強くしている。

第四章

エネルギーはもっと有効に使うべき

石油ショックでエネルギー源について勉強

私がLPガスで電気をつくることに取り組むようになったきっかけは、一九七三（昭和四八）年に始まった石油ショックである。

中東での戦争をきっかけに、産油国が原油の生産を削減し、原油価格を引き上げた。一バレル三ドルだった原油価格が三カ月で約一二ドルに高騰した。一九七九（昭和五四）年の第二次石油ショックの時には、約二〇ドルから約四〇ドルまで上がっていった。

石油販売もしているわが社は、この狂乱をじかに感じていた。原油の値段がみるみる上がっていく様子を見ながら、思った。石油がこんなことになってしまって、エネルギー源の九六％も輸入に頼っている日本はこの先、大丈夫だろうか。これからの日本にとって、石油やガスなどのエネルギー源を効率よく利用することが、重要な課題になるのではないか、と。

そこでエネルギーについていろいろ勉強するうち、エネルギーの効率について考えさせられた。例えばガソリン車で、投入したガソリンのうち、実際に自動車を走らせるために使われるのはどの程度か、ということだ。一般には、動力として利用されるのは三〇％ぐらい、残りの七〇％は無駄に消費されてしまう。

ガソリンを燃焼させてエンジンを動かすと、エンジン自体が熱くなってくる。この熱も、ガソリンを燃やして発生したものだが、動力に回らなかったのだから、ガソリンの損失である。しかも、この熱を取り除かないと、そのうちエンジンが動かなくなるので、冷やさなければならない。そのシステムを稼働させるためにもガソリンが必要になる。そうやって無駄が膨らんでいくのだ。

逆に、エンジンから出た熱を回収して、動力に利用できれば、エネルギー効率を上げることができる。ハイブリッド車や電気自動車の開発では、そういうことも研究されている、と聞く。

同じことが発電所にも言える。今回の原発事故でも明らかなように、発電所のシステムを動かすと、大量の熱が出る。その冷却に海水を利用するために、原子力でも火力でも、海岸沿いに設けられている。取水口から海水を取り、冷却に使われて温かくなった水は、排水口から海に戻される。発電所から出る熱を、海に捨てているのである。

「熱を捨てるなんて馬鹿なこと、本当にやっているのだろうか。何らかの方法で利用していないのだろうか」と思って、電力会社の社員に確かめたことがある。「ええ、捨てているんです。ほとんど活用していないんです」とあっさり認めたので、あ然とした。

実際、発電所近くの海水は温かくなっている。その結果、プランクトンが多く発生し、それを食べる魚類やクラゲなどが集まりやすくなる。よく、発電所の取水口にクラゲが大量発生して問題になるが、もとはといえば、発電所から出た温水がクラゲを招いている、と言える。

さらに、発電所でつくられた電気が、家庭や事業所などに届くまでにも、大量の損失が出る。送電用の鉄塔で、放電して火花が散っているのが見えるが、あれもエネルギーの損失である。送電線が長ければ長いほど、ロスは大きくなるわけだ。家庭や会社などで実際に使われるのは、発電所でつくられる電気の、三二％から三八％ぐらい、という。

資源の無駄遣い対策を考え、見つけたのがコージェネ

石油もガスも採れない日本で、何という無駄遣いをしているのだろう。何とかならない

のだろうか。そう思って調べていくうちに、知ったのが前述のコージェネである。ガス、石油などを燃料とするエンジンで発電機を回して電気をつくり、併せて、発電のときに出る熱でお湯をつくるシステムだ。

今、エコウィルという名前で製造・販売されているのは、このシステムの家庭用である。エネファームも家庭用コージェネだが、その原理は燃料電池システムといって、発電機を動かして発電するのではなく、水素と酸素の化学反応を利用して発電するものだ。私が初めてコージェネを知ったころは、まだ燃料電池システム・タイプはなく、エンジンで発電するタイプだけだった。

このようなコージェネを、団地や大型商業施設といった、限られた範囲の中に設置することで、送電による電気ロスも最小限にできる。お湯は配水管を使って各家庭や共有スペースなどへ回すことで、有効利用できる。

これは分散型エネルギー・システムと呼ばれるもので、原発事故後、電力問題の議論の中でよく出てくるようになった。これに対するのが集中型エネルギー・システムで、その代表が原発や、火力発電所である。一カ所の大がかりなシステムでつくった電気を、遠くにある消費地に送る集中型は、原発事故という深刻なリスクや電力ロスなどの問題がある。

分散型をもっと増やすべき、という意見が、あの事故以来、出てくるようになった。コージェネのことも、それまで電力行政では微々たる存在だったが、福島第一原子力発電所の事故後、国が発表した二〇年後のエネルギー・ミックス（電源構成比）の原案で、コージェネによる発電は「一五％」という目標値が掲げられた。

しかし三〇年近く前の日本には、コージェネレーションという言葉すらなかった。欧米でもまだまだ珍しいものだった。そういう時期に、既に私はコージェネや分散型システムのことを知り、それをビジネスに取り込もうと考えていた。

御殿場の保養所で、まずガス冷房などの実験を重ねる

前に書いたように、わが社で初めてコージェネを設置したのは、御殿場にある当社の保養所である。

この保養所では、コージェネを持ち込む以前から、いくつかのエネルギー・システムの実証実験を行っていた。

現在、御殿場保養所の風呂は、内湯の寝湯（写真左）とジャグジー（右）、露天風呂がある

最初に実験したのは太陽熱温水システムだ。屋根の上に太陽熱を吸収するパネルを、階下に貯湯槽を置く。パネルと貯湯槽の間で、ポンプを使って水を循環させる。この水は、太陽の熱を吸収して、その熱を貯湯槽内で放出し、この中の水を温める、というシステムである。

屋根の上で温めた水をそのまま風呂などに使うシステムもあるが、われわれが研究したシステムは、その改良版だ。パネルを通して温かくなった水で、風呂や洗濯などに使う水を温める、という二段構えになっている。電機メーカーのシャープと組んで、このシステムの販売も行っていた。

次に、ＬＰガスを燃料とするガス吸収式冷

温水器を導入した。液体が気化するとき、周辺の熱を奪う性質を利用して、冷たい水をつくり、冷房に利用するのである。ガスを燃やして水を温めて暖房にするなら誰でも分かるが、冷房もつくる、というので驚かれた。工場や大型店舗など、広い空間の冷房に適している。

その後、ガス・ヒートポンプ・エアコン（ＧＨＰ）が開発され、中小規模等の建物では、ＧＨＰにとって代わられた。

ＧＨＰは、気体が液化すると熱が発生する性質を利用した冷暖房システムである。冷媒（フロンという物質）をコンプレッサー（圧縮機）により圧縮・循環させると、機械的に気化と液化を繰り返す。この仕組みで、夏は室内の温かい空気を外に捨てて、室内に冷風を入れて冷房を行う。冬は逆に冷たい空気を外に捨てて、室内に温風を入れる。コンプレッサーを稼働させるため、ガス・エンジンを使うものがガス・ヒートポンプ・エアコンで、電気モーターを使う電気ヒートポンプ・エアコンもある。

夏場、需要が落ちるＬＰガス事業者にとって、ガスによるエアコンへの期待は大きい。ＧＨＰの登場で、その期待はさらに膨らんだ。一九八七（昭和六二）年には、ガス事業者同士が切磋琢磨しながらＧＨＰの普及に取り組むためのＧＨＰコンソーシアムを立ち上げ、現在も広く普及活動を行っている。

こうした取り組みを、私は「創造的需要の開発」と呼んだ。ＬＰガスの需要を、今までにない機械やシステムで高めていきたい。その第一歩がガス吸収式冷温水器やＧＨＰだった。その次に来たのがコージェネである。

この創造的需要の開発事業に当初から関わり、私と一緒に手探りでコージェネの研究・開発に打ち込んだ社員がいる。有川敏隆君といい、今ではガス・コージェネの専門家として、都市ガスを含めたガス業界に名が知られるようになった。会社の仕事のかたわら、論文も書いて、工学博士号を取得した。

三〇年ほど前、私が「いずれ、ガス会社が電気を売る時代が来る」と話したとき、有川君は何のことかわけが分からなかった、という。ところが今や、その言葉の意味を理解し、そのための理論と技術を、社内だけでなく業界で最もよく知っている人物となった。

御殿場の保養所は、二〇〇三（平成一五）年に隣に別館を増設、一〇年後の二〇一三（平成二五）年、本館を建て直した。コージェネ・システムも一新し、冷房は、コージェネでつくる電気でエアコンを稼働させて行うようになった。

音や振動問題を解決する燃料電池で再スタート

最初に書いたように、コージェネに取り組んで一五年ほどしたところで、コージェネの販売はいったん休止した。その後、再スタートのきっかけとなったのは、燃料電池システムである。

エンジンで発電するタイプのコージェネには、「音」というデメリットがある。発電機を回すので、どうしても機械の音や振動が問題となる。広さが限られた戸建てでは、その影響は軽視できない。また、燃料を燃やすので、二酸化炭素や窒素酸化物（Ｎｏｘ）を排出する。

一方、燃料電池は、ガスから電気をつくる点ではコージェネと同じだが、音や振動がなく、二酸化炭素の排出量も少ない。

この原理を一言で言うと、水を電気分解すると水素と酸素に分かれる、という反応の逆である。ＬＰガスの成分であるプロパンもブタンも、都市ガスの主成分のメタンやエタンも、水素と炭素からできている。石油も、成分のほとんどは水素と炭素である。こうした燃料から水素を取り出して、空気中の酸素と反応させて電気をつくるのが燃料電池である。燃料電池システムは、発電の際に二酸化炭素が全く発生しない。水素を取り出すときには二酸化炭素が発生するが、ガスを燃やしたときに出る量と比べれば少ない。

消費電力の少ない戸建ての家には、以前から取り組んできた音や振動の出るエンジン式のコージェネより、燃料電池の方が適している。そう考えて、ＬＰガスによる燃料電池システムにも取り組むことにした。

そのため、二〇〇二（平成一四）年、Ｈパワー社というアメリカのベンチャー企業から燃料電池を購入して、また御殿場の保養所で実証実験を行った。

Ｈパワー社はその後、プラグ・パワー社というＧＥ（ゼネラル・エレクトリク）の燃料電池の会社に吸収された。この会社からわが社に、ＬＰガスの燃料電池の実証実験の話が来た。

そこで、エネルギー特区に認定され、発電に関する規制を緩和した茨城県つくば市に、この燃料電池を備えた家を建て、二〇〇四（平成一六）年から約三年間、展示しながら実験を続けた。来場した地元自治体や企業、市民らの注目を集め、つくば市は展示前から関心をもち、高く評価してくれた。

2004 年、御殿場の保養所で佐々木正先生（中央）を囲んで。左端が私、後ろに見えるのはＨパワー社の燃料電池

このシステムの研究でも、わが社は国内の先駆となった。これには、世界的に有名な電子工学の研究者で、技術者でもある佐々木正先生から、この技術や利用方法などについて、ご指導いただいたことも大きく関係している。

佐々木先生は家電の大手メーカー、シャープの元副社長で、半導体の研究により、ポケット・サイズの超小型電卓の開発にも貢献した人だ。わが社は、シャープが五〇年ほど前、石油ストーブの製造・販売をしていたころ、その販売協力をした関係で、先生とも縁ができた。

三・一一の二カ月前に地震対策を訴え「予言者」になる

コージェネの普及には、一つ課題があった。電気とお湯ができる、というメリットはあるが、できる割合は調整できない。大まかに言って、ガスから得られるカロリーを一〇とすると、一〇年ぐらい前は、三が電気になり、残り七がお湯になる、といったところだった。

しかし、家庭で使う電気とお湯の関係から言うと、電気七、お湯三ぐらいが適している。そのため、どうしてもお湯が余る。余らないようにするにはどうしたらよいか、という研究をしたが、なかなかよい方法が見つからない。お湯を減らすには、コージェネでつくる電気の量も減らさなければならないのだ。

そこで思い付いたのが、太陽光発電との併用である。太陽光は晴天時の昼間には十分な発電量がある。太陽光で発電できる間はそれを利用し、曇りや雨の日と夜はコージェネを稼働させる。こうすれば、コージェネからできるお湯の量は、家庭で使用するのにちょう

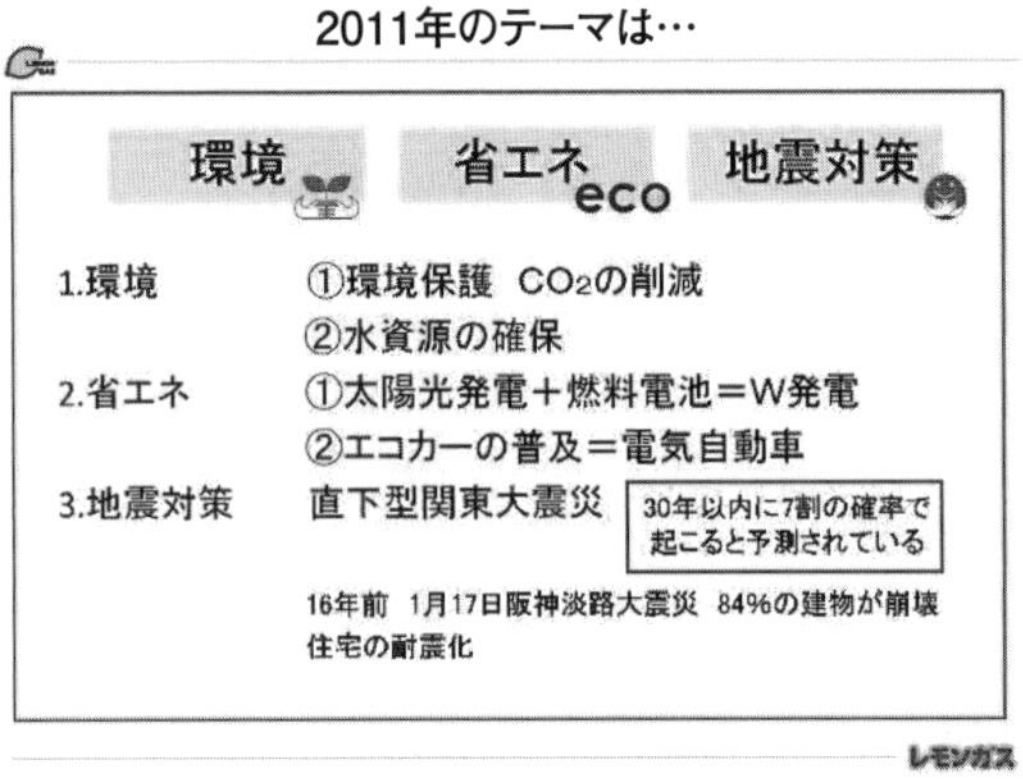
2011年のテーマは…
環境
省エネ
eco
地震対策
1.環境
①環境保護　CO2の削減
②水資源の確保
2.省エネ
①太陽光発電＋燃料電池＝W発電
②エコカーの普及＝電気自動車
3.地震対策
直下型関東大震災
30年以内に7割の確率で起こると予測されている
16年前　1月17日阪神淡路大震災　84%の建物が崩壊
住宅の耐震化
レモンガス

2011 年 1 月の「新春の会」で、私が講話に使った資料

どよい程度に抑えられる、と考えたのだ。

ただし最近、普及しているエネファームは、機器の進化により、発電効率が高まっている。お湯をより高温で取り出すことができ、カロリーで言うと、発生する電気とお湯が半々ぐらいになってきた。

こうして積み重ねてきた成果を実用化させるため、LPガスによるコージェネと燃料電池、それに太陽光発電という「トリプル発電」を備えたマンションを、神奈川県相模原市に建設することにした。その計画を、二〇一一年一月二一日、わが社の一月の恒例行事である「新春の会」で発表した。

新春の会恒例の私の講話で、この年、「環境」「省エネ」「地震対策」の三つをテーマに掲げた。

環境については「環境保護、二酸化炭素削減、水資源の確保が重要と考えている」。省エネについては、私が取り組んでいるＬＰガスによるコージェネ、それに太陽光発電と燃料電池を組み合わせたＷ発電、さらに電気自動車の三つを普及すべき、という話をした。

三つ目の地震対策の話では「三〇年以内に七割の確率で直下型関東大震災が起きると予測されているので、住宅の耐震化に取り組むべき」などと述べた。

後になって、この日の出席者から「予言者だ」などと言われた。もちろん私にそんなつもりはなかったが、二カ月もたたないうちに、東日本大震災と原発事故が起き、地震対策と省エネが現実として迫ってきた。

第五章

分散型システムで未来を切り開く

四週間の停電にも耐える災害対応マンション実現

二〇一二（平成二四）年五月、神奈川県相模原市緑区橋本台に、わが社が開発し、住宅メーカーの積水ハウスと組んで建設したエネルギー自立型災害対応マンション「ＡＬＦＹ（アルフィー）橋本」が誕生した。

地下一階地上六階建てで、一ＬＤＫの部屋が一五戸あり、入居者を募集して賃貸で提供している。ほかに当社の事務所や、近隣住民との交流などに使えるコミュニティスペースもある。

屋上には、ＬＰガスによる一〇キロワットのコージェネ（エンジンで発電するタイプ）を二台設け、それを動かすため、地下にはＬＰガス一トンが入るバルク貯槽（略して「バルク」とも）がある。バルク内のガスが減ったら、ボンベのように交換するのではなく、タンクローリーで運んで、ホースでバルクにつないで直接、充填する。

発電システムはほかに、屋上スペースを利用した八・三キロワットの太陽光発電システムと、高温のお湯が取り出せる最新のＳＯＦＣ型のエネファームを備える。

これらのシステムでつくった電気は、優先的に各戸に供給し、余った電力はリチウムイオン蓄電池に貯めて、太陽光発電が働かない夜間などに、そこから供給する。コージェネ、太陽光、蓄電池などを駆使しても、やりくりがつかなくなった場合は、系統電力、つまり電力会社から電気を買う。コージェネでできるお湯も各戸に給湯したり、床暖房に利用される。

こうした、さまざまなエネルギー装置は、ITの自動制御システムにより、効率よく稼働させるので、エネルギーの無駄がない。送電線を通らないから、その間のロスもなく、排熱を無駄に捨てることもない。

災害に対する備えも万全である。まず建物自体、震度七クラスに耐えるようにできている。地下には八トンの受水槽があり、水道が止まっても、これだけの水は確保できる。さらにアクアクララのミネラルウオーターも備蓄している。電気は、バルクにLPガスがある間は停電しない。目安として災害時に最大で一カ月間、系統電力が止まっても、各戸が困らない程度、発電できるだけのガスは、常にバルクに入っているようにしている。しかも、道路が遮断されていなければ、タンクローリーで運搬できるので、ガスを補給できる。

「エネルギーと防災」というテーマは、東日本大震災の一六年前、一九九五（平成七）年の阪神淡路大震災の直後から、既に私の頭の中にあった。

あの時、都市ガスは復旧までに約三カ月もかかった。地下の導管からガス漏れが起きて、火災などの二次災害も起きた。一方のＬＰガスは数日で復旧、しかもＬＰガスによる火災はなかった。長い導管を張り巡らす都市ガスと違い、容器のバルブさえ絞まっていれば、漏れることはないからだ。

ＬＰガスが災害に強いことが明らかとなり、被災地でＬＰガスが見直されて、利用世帯も増加した。同様の評価と利用世帯の増加は、東日本大震災後にも起きている。

電気利用を効率化するスマートでハイブリッドな住まい

ＡＬＦＹ橋本は「スマート・ハイブリッド・マンション」と名付けた。

スマートという言葉は、ＩＴ技術で電気を効率よく利用できるよう制御する「スマート・グリッド」のスマートに近い意味だ。ハイブリッドは異質なものを組み合わせて一つの優れた効果を目指すものを表す言葉で、ハイブリッド・カーの場合はエンジンと蓄電池

賃貸マンションとして人気の高いALFY橋本

などの組み合わせで、低燃費の車を実現している。このマンションは、発電システムにコージェネと太陽光発電、蓄電池を合わせ、エネルギーを賢く利用していることから、この言葉を当てはめている。

東日本大震災と原発事故により、災害への対応、エネルギーの効率利用というＡＬＦＹ橋本の特色は、各方面から大きな注目を集めた。完成から一年間に、都市ガス・ＬＰガス事業者等のエネルギー供給業者、住宅メーカーなど、海外からも含め約千人にも及ぶ見学者が訪れた。いくつものメディアから取材され、私もテレビに出演するなど、一時は私自身、大変な忙しさだった。

賃貸マンションとしての評判もよく、入居

者を募集すると、全一五戸がすぐに決まった。

ＡＬＦＹ橋本と同じころ、東京・目黒区にわが社の技術協力により、積水ハウスが建てたＬＰガス・システムのスマートハウスも完成した。ＬＰガスのエネファームと太陽光発電で電気をつくり、エネファームのお湯も給湯や暖房に利用する。

ガスを発電に使うので、普通の家よりもＬＰガスの消費量は多い。そのためＬＰガスの供給にはボンベではなく、三〇〇キログラムのバルクを庭に埋めている。五〇キログラムのボンベ六本分だ。都会の真ん中、都市ガスのエリアにありながら、この家だけはＬＰガスを利用している。しかもバルクは地中にあって見えないので、外観ではＬＰガス利用の家とは分からない。

目黒区に実現した、わが国初のLPガス・スマートハウス。玄関脇の花壇の下にバルクを埋設（近隣の画像は加工処理）

住宅や事務所などにＬＰガスを供給するため、ボンベより容量の大きいバルクを利用する動きが進んだのは、十数年ほど前からである。

私が初めてLPガスのバルクを見たのは、今から三〇年近く前、ヨーロッパに視察に行ったときだ。地方に行くと、家ごとにLPガスのバルクが置かれていた。通常のボンベの一〇倍ぐらいの容量である。都市部から離れ、住宅なども少ない地域では、トラックにガスボンベを積んで長い距離を運ぶより、ローリーが数カ月に一度回って、各家庭のバルクに充填した方が効率的である。

ちょうど同じころ、LPガスによるコージェネの開発を考え始めていた。バルクを使えば、通常の何倍もLPガスを消費するコージェネにも対応できる。コージェネの普及にはバルクは不可欠だ、と思った。

しかし当時、日本では、大量の燃料を各戸で貯蔵するのは危険性が高い、と一般家庭などでのバルク供給は認められなかった。認めてもらうよう、当時の通産省や環境庁に何度も働きかけたが、私ひとりではどうにもならない。

同じころ、ガソリン販売大手の昭和シェル石油でも、産業用のLPガス販売のため、バルクの規制緩和を望んでいた。そこで、国への働きかけはこの会社に任せることにした。やがて規制緩和の流れの中で、家庭での利用も可能になった。このことも、わが社のエネルギー事業にとって、重要な出来事である。

マンション各戸のＬＰガス消費データを活用して

わが社は十数年前、東京・大田区西糀谷の自社の土地に、東京都と共同でマンション「ぐりイエ」を建てた。この敷地に現在、約一トンのバルクを埋設している。

ここは都市ガス・エリアだが、全五四戸に配備されているガスレンジ、バス乾燥機、床暖房などは全て、このバルクから供給されるＬＰガスが使われる。入居者には都市ガスと同様、各室に付いているメーターで算出した使用料が請求されている。料金設定も、特別に都市ガス並みにしている。

各戸のガス使用量を見ると、不思議な結果が出た。ここは全戸ファミリー世帯向けで、間取りもガス機器も、料金設定も同じである。それなら、ガス使用量は、どの世帯も大きな差はないと考えられる。ところが使用量の最も多い世帯と最も少ない世帯の差は一〇対一というはなはだしい差が見られた。

もしも各世帯、別々にガスボンベを設置したら、頻繁に交換しなければならないところ

都市ガス・エリアに立地しながら、全戸にLPガスを供給している賃貸マンション「ぐりイエ」

と、なかなか減らないところが散らばって、事業者にとって効率が悪い。LPガスのバルクを置いて、そこへタンクローリーで補給する形にすることで、輸送効率も上がり、ひいては二酸化炭素排出削減にもつながっている。

このように、同じ集合住宅の中でも、家庭ごとのガス消費量に凸凹があると分かったことは、ALFY橋本のプロジェクトを立ち上げるときの、きっかけの一つとなった。コージェネを、ガスボンベのように一軒一軒に取り付けるよりも、集約して一カ所にコージェネを設置し、バルクでその燃料を供給する方がいい、と考えたのだ。

また、マンションだけでなく、平面的に何戸か集まっている地区に、一基のコージェネで電気とお湯を供給する、という計画も浮かんできた。

エネルギーの「地産地消」と自治体も期待

ＡＬＦＹ橋本の次の展開も進んでいる。神奈川県の小田原市と開成町をまたぐ地域では、「隣組コージェネ」というプロジェクトが進んでいる。戸建て住宅が二〇戸近く集まり、コージェネ、バルク、蓄電池などを共有する、というものだ。埼玉県川越市では、ＡＬＦＹの第二弾を計画している。

戸建住宅の場合、二〇戸ぐらい集まったところにコージェネを一基、という形が一番よいのではないかと考えている。あまり多くなると、各戸にお湯を配る配管が道路をまたぐ必要が出てきたりして、設備的にも許認可なども複雑になり、送電ロスも大きくなるからだ。

二〇戸前後が集まり、一つのコージェネで電気をつくり、その地域の中で消費するのは、いわば「地産地消型エネルギー・システム」である。このようなシステムに対し、行政と住宅関連業界が強い関心を寄せられ、プロジェクトの地元自治体からは、早く建てて

わが社が家庭用コージェネに取り組み始めて間もない1985年ごろ、アメリカで、有川君（左）と

ほしい、といった声もいただく。完成すれば、未来志向の住宅が実現するだろう。

　だが、本格的な事業としては、走り始めたばかりである。技術を磨き、効率をよくし、安定性、安全性も一層高めるなど、研究・開発はまだまだ続けなければならない。取り組む人にとっては、この先もやりがいは十分ある。この事業を一緒にやってみよう、という人が出てくれれば、と願っている。

　この事業でともに歩んできた有川博士（社員の有川君のこと）も言っている。

「コージェネに社会の目が注がれるようになり、あらためて会長の先を読む目の確かさに感動しています。会長は『常に五年先を見つめて、考えよ』と言われますが、五年どころか、三〇年先を見ていたのですから。今、わが社のエネルギーの事業は、次の展開を考える時期に来ています。その課題を受け継ぐ若い世代が成功するようサポートすることも、これからの私の役割だろうと考えています」

先駆的に取り組んだトリジェネで、次は農業改革を

コージェネと併せて、以前からトリジェネレーション・システム（トリジェネ）の研究・開発にも取り組んできた。

「トリ」とは「三」を意味する。エンジンを動かすタイプのコージェネで電気と熱をつくるとき、エネルギーを燃やすので、二酸化炭素が発生する。植物の光合成に欠かせない物質である。これを活用して温室栽培を行うことで三つ目の「もの」、つまり野菜や果物、花などをつくるのがトリジェネである。

「理論的には、栽培の効率化を図れることがはっきりしているのだから、とにかく挑戦してみよう」

御殿場保養所の敷地内にビニールハウスを設けて、システムから出る二酸化炭素を利用して、温室栽培を始めた。

トマト、スイカ、トウモロコシなどを作った。土を使わない水耕栽培で、必要な栄養素だけを与え、コージェネの電気と湯を使って室温・水温を、栽培に適した温度に調整する。照明を使って夜でも昼のように明るくして、植物の光合成の時間を伸ばした。そこへ、コージェネのエンジンから出る排気ガスから、硫黄化合物を除去（脱硫）して、残った二酸化炭素を多く含むガスをハウス内に吹き込んだ。

すると、作物が通常の二倍から三倍の速さで成長した。トマトは成長を続けて、茎が木

御殿場保養所のトリジェネ実験の様子
（当時のコージェネのカタログから）

の幹のように太くなるなどの、面白い現象も見られた。

「トリジェネレーション」という言葉も、「コージェネレーション」という言葉すら、まだなかったときに、われわれはトリジェネを実証した。しかし始めた当時、理論は確認できても、課題が多く、それを解決するために投資して研究しても、コマーシャル・ベースに乗せるのは難しいように思われた。コージェネでさえ、実用化できるかどうか、という段階だった。

ところが五年ほど前から、各方面でトリジェネの実用化に向けた取り組みが目立ってきた。わが社で実証実験をしたころは、誰も興味を示さなかった考え方が、急激に注目されるようになったのだ。

地球温暖化や異常気象が進み、将来、農作物の栽培が影響を受け、地球全体で深刻な食料危機に陥るのではないか、という懸念が広がっている。二酸化炭素を利用したハウスの中で、気候変動に左右されずに効率的に行う農業は、これから重要になる。こういう考えが広まったことも背景にあるのだろう。

作物の成長が速くなれば、年に二度も三度も収穫でき、年間生産量は大幅に増える。単に二酸化炭素を与えるだけでなく、水耕栽培により、必要な栄養分を適切な配合で供給したり、コンピューターにより気温・水温、光量などもコントロールして、作物の成長に最適な環境を整える。それにより、品質が一定以上確保でき、質や大きさのばらつきはあまりない。土を使わないので、病気や害虫の対策は簡単で、人体に影響のある化学肥料などは不要だ。

こうしたことから、トリジェネは、農業の効率化や工業化を可能にする革命的なシステムと言えるだろう。

日本は土地も資源も限られ、高齢化もかなり深刻である。農業を何とかしなければ、将来、大変なことになるだろう。農業を改革して、農家の苦労を軽減したい、と何十年も前から思い続けてきた。

こうした長年の思いが、私が事業として取り組んできたＬＰガスのトリジェネにより、かなえられる可能性が見えてきた。農業への挑戦は、私がこれから最も取り組みたいテーマとなった。問題は、私にあと、どれだけ寿命があるか、ということだけだ。

できれば水のビジネスで世界に挑戦したい

もう一つ、水のビジネスも、まだ、道半ばである。

水の宅配事業は軌道に乗せたが、この事業の究極の目標は、地球上の人類が必要とする水を供給することだ。アフリカのように、水不足で毎日、多くの命が奪われている地域を救うには、海水から安全な飲み水をつくることにも、取り組まなければならない。

近いところでは、中国での展開が考えられる。あの国は空気だけでなく、水の汚染問題を抱えている。工場で、特殊な膜に水を通し、ミネラル成分をアレンジして、ボトルに詰める、という今持っている技術は、グローバル展開にもきっと役に立つだろう。

こんなことを考えると、機会があれば、水の事業で世界にも挑戦したい、という夢が膨らんでくる。

第六章

八四歳で環境大臣賞を受賞

震災後のエネルギー・ミックス案でコージェネが躍進

東日本大震災と原子力発電所の事故により、日本のエネルギー政策は大きな転換を迫られた。震災の一年前に資源エネルギー庁が策定したエネルギー基本計画はゼロベースの見直しとなり、新たな計画を策定することになった。

「エネルギー・ミックスをどうするか」という課題も各方面で取り上げられるようになった。国全体で必要な電力をまかなうために、原子力、火力、再生可能エネルギーなどの電力源の組み合わせを、どのような比率にしたらよいか、という議論である。事故後、原子力はゼロにすべき、という意見が高まり、実際、一時期、国内の全ての原発が停止したものの、長期的視野に立った基本計画見直しの結論はまだ出ていない。

そうした中、経産省の諮問機関である総合資源エネルギー調査会が二〇一二（平成二四）年六月、「エネルギー・ミックスの選択肢の原案」を発表した。一八年後の二〇三〇年のエネルギー・ミックス（電源構成）のイメージを示したもので、原子力発電の割合が

	原子力発電	再生可能エネルギー	火力発電	コージェネ
選択肢（1）	0 %	約 35 %	約 50 %	約 15 %
選択肢（2）	約 15 %	約 30 %	約 40 %	約 15 %
選択肢（3）	約 20 %～25 %	約 25 %～30 %	約 35 %	約 15 %

2030 年の電源構成のイメージ（2012 年 6 月発表）

「約〇％」「約一五％」「約二〇～二五％」に分けて三案、提示されている（上の表）。

ここに四つ目の電源として「コジェネ」（コージェネ）が挙がっている。その比率は、三案すべて一五％である。この表の「コジェネ」には、燃料でエンジンを回して発電するコージェネのほか、このタイプの家庭用「エコウィル」、家庭用燃料電池システム「エネファーム」も含まれている。

コージェネは、二〇一〇（平成二二）年の基本計画では「八％」、この年の実績にいたっては「三％」という微々たる数値だったのだが、二〇一二年の「選択肢の原案」では二ケタの一五％に上がり、エネルギー・ミックスの中での存在感も大きくなっている。今から約三〇年前、私がたったひとり、コージェネの研究を始めた当時から見れば、想像を超えるほど大きな進展だ。

資源が限られた日本では、エネルギー源を効率よく使わなければ駄目だ。それには送電ロスの少ない分散型エネルギー・システムにして、発電で出る熱も活用すべき、という議論が、これまで全くなかったわけではない。

二〇一〇年のエネルギー基本計画でもコージェネの枠がつくられ、「分散型エネルギー・システム」の重要性も記されている。だが、いざエネルギー政策をどうすべきか、という議論になると、原子力発電が一番目、その次は再生可能エネルギーで、コージェネは後回し、といった感が否めなかった。

その状況が改められ、新しいエネルギー・ミックス案ができたのはうれしいが、コージェネの「一五％」という数に満足しているわけではない。長期的に考えれば、分散型システムはもっと増やしていくべきだ。

ただ、二〇一〇年の実績三％という数から見れば、これから二〇年弱しかない二〇三〇年の目標値として「一五％」というのは、現実味のある数だろう。

とにかく、コージェネと燃料電池の普及を図るわが社のエネルギー事業にとって、この数がしっかりした推進力となることは確かである。

「低炭素杯２０１３」にエントリーして広く発信

コージェネを普及させるには、われわれ自身も、このシステムについて、もっと広く知ってもらうよう、運動しなければならないと考えている。

その方法の一つとして、二〇一三（平成二五）年二月一六日・一七日、東京ビッグサイトで開かれた「低炭素杯２０１３」に参加した。地球環境を守るため、低炭素社会づくりに向けた活動をしている全国の企業、団体、市民グループが、自分たちの取り組みを披露して、評価してもらうイベントである。

今回の低炭素杯では一三七一団体がエントリーし、そこから四〇のファイナリストが選ばれ、この中にわが社も残った。最終選考では、それぞれが実践し、全国に広めたい取り組みについて、四分間のプレゼンテーションを行った。

事業で発生する二酸化炭素を削減するための設備を、各事業所に導入する大企業から、地元の農産物を活かす方策を提案し、村おこしにもつなげる農業高校など、さまざまな団体に混じって、レモンガスも「ＬＰガス・コージェネレーションによるエネルギー自立型

低炭素杯2013の表彰式で、金賞の楯を持つ当社社長の赤津欣弥（前列右から２人目）とトロフィーを持つ当社女性社員（右隣）

災害対応住宅」を中心に発表した。

審査の結果、わがレモンガスが「環境大臣賞金賞」を受賞した。わが社はこれまで、ＬＰガスの事業者として、経産省や旧通産省から表彰されることはあったが、環境省は初めてである。

意欲的な高校生とのコラボレーションも特色

低炭素杯の発表では、低炭素活動に積極的な高校生とのコラボレーションも紹介した。

一つは「ノシバ（日本古来の芝の一種）による屋上緑化」である。農業専門学科のある京都府立桂高校が提案したもので、わが社の

「レモンタウン八王子」と名付けたショールームの屋上に採用し、その有用性の実証実験も行っている。

もう一つは、栃木県立栃木農業高校が取り組む「ヨシズの商品化と販売の支援」である。同校は、渡良瀬遊水地のヨシの湿原を守り、農村のヨシズ産業を復活させるため、前年の低炭素杯で、この取り組みを発表した。それを受けて、そのヨシズを一〇〇枚購入し、わが社のネットワークを通じて普及させている。

このレモンタウン八王子は、東京・八王子市で、地域の方々に、ＬＰガスについての理解を深め、コージェネを含めた新しい活用法や、ＬＰガスの可能性なども知っていただくことを目的に設置した。メインホールでは料理教室や社交ダンスの練習などに利用され、住民の交流の場にもなっている。

さらに、トリジェネや、低炭素社会づくりに意欲的な高校生らと連携した実験なども進め、その成果を、レモンタウンを通じて地域に提案していこうと考えている。

プレゼンの最後に、レモンガスの全社員参加の環境・安全への取り組みについても述べた。本社を置く神奈川県平塚市の少年野球チームと湘南海岸の清掃活動を行うなど、地域密着の活動を続けるとともに、今後、救命講習の全社員受講や、社内のエネルギー診断士

レモンタウン八王子

の資格取得者を増やすことも検討している。

審査では、プレゼンそのものも評価対象となる。自分たちの取り組みの要点を、限られた時間で分かりやすく説明し、その独自性や優秀性をアピールし、観衆の共感を誘うことも大切である。そのために、わが社では、若手や中堅社員がアイデアを練り、きめ細かなシナリオをつくり、練習を重ねてくれた。その努力も評価ポイントに確実に結びついたようだ。

発信して仲間をつくり、未来につなげたい

わが社のプレゼンでは、もう一つ、審査員

や来場者に印象付けたことがあった。私自身である。最後に登場して「八四歳です」と言うと、会場から驚きの声が上がった。表彰式の時にも「参加者の最高齢」として名前を挙げられた。

八四歳でもまだ、元気で企業活動に携わっている。新しいことに挑戦しようとする勇気がある。そういう私の姿を示すことで、世の中の人々に、生きる希望を持ったり、「頑張れるところまでやってみよう」と積極的になるのを後押しできるのではないか。会場の反応を見ながら、そんなことも少し思った。

しかし、ただ「八四歳です」と言うだけでは、大したことはできない。それに、確かに今は元気だが、五年後どうなっているかは分からない。残された時間で、未来の社会をもっと生き生きとさせるために何ができるか、と考えると、自分の意見を発信することも意義があるような気がする。発信することで、賛同者を増やし、仲間をつくって活動し、未来に受け継いでもらえたら、という願いも膨らんでいる。

第七章

エネルギー多様化の今こそ勇気を

都市ガス事業者と同じ目標を掲げる時が来た

ＬＰガス事業者にとって、都市ガス事業者が競合相手であることは、今も変わらない。しかし、電気事業者が「オール電化」を打ち出したころから、ガス体エネルギー事業者同士として、電気に対抗するため、手を組む場合も出てきた。東日本大震災と原発事故により、オール電化攻勢は弱まったが、今度は「コージェネの普及」という、同じ目標を掲げるようになった。

だが、電源ミックスで「コージェネ一五％」を掲げた政府の考え方はどうか。いろいろな方面の話を聞いたりして感じるのは、コージェネの燃料は九九％都市ガス、というイメージが大多数である。既存の、大型施設などに設置されているガス・コージェネは、どれも都市ガスを利用していることが一因だろう。

この状況に、ＬＰガス事業者が全く反応しないのも問題である。都市ガスが本気でコージェネを推進しようとしている今こそ、都市ガス事業者と手を組んでコージェネを普及していこう、と意欲的に動くべきではないか。ところが、わが社以外で、そうした動きは起きていない。

コージェネの燃料を一つに限るべきではない

しかし今後、一五％を目標にコージェネの設置が進んでいくとき、コージェネの燃料イコール都市ガス、という考え方でいいだろうか。

都市ガスの欠点は災害に弱いことである。一九九五（平成七）年の阪神淡路大震災の時には、復旧までに約三カ月もかかった。東日本大震災の時には、阪神淡路の反省を踏まえ、一日も早く復旧させなければ、と全国の都市ガス事業者が駆けつけた。延べ約一〇万人が復旧活動に携わった、という。それだけの人が関わって五四日かかった。一方、ＬＰガスの利用者は一週間で復旧した。

もしも、首都直下型地震が起きたら、どうなるだろう。私は、都市ガスの復旧に半年はかかるだろう、と見ている。当然その間、都市ガスのコージェネは機能しない。しかも、仮に、電源構成比の目標値一五％のコージェネが、全て都市ガス利用のものになったとしたら、大変なことになる。原発事故が起きなくても、電力危機に陥る確率は高い。

六本木ヒルズにも、あの巨大なタワー全体の電気をまかなうため、都市ガスでタービンを回して発電するシステムを備えている。原発事故で首都圏の電気がひっ迫した時、ヒルズでは節電して、余った分を電力会社に提供したこともあった。それができたのは、都市ガスが供給されていたからだ。

あの地震の直後は、安全確認のため、都市ガスの供給がいったん止まった。そういう場合に備えて、非常時には、備蓄された灯油で発電することになっていたが、それでも備蓄に限度があり、長時間もたなかった、という。あの後、首都直下型地震対策として、コージェネの燃料をどうするか再検討している、という話も聞いた。

ちなみに、当社の、横浜市緑区にある横浜支店では、一九九六（平成八）年から一二〇ＫＶＡ（発電機容量の単位）のガス発電システムが震災後、大いに役立った。この地域では計画停電が実施されたが、当社は、このシステムを利用して、従来通り、充填作業を続けることができた。しかも、無停電装置というシステムも付いているので、停電の瞬間、電気が途切れてパソコンのデータが消えてしまう、といったトラブルも防ぐことができた。

都市ガスのコージェネにもメリットはある。数百キロワットの発電が必要な大型施設では、ＬＰガスのコージェネにすると、それだけ大きなガス貯蔵設備が必要になるので、設

御殿場保養所に設置した最新のコージェネ・システム（10kw・2台）

備費や安全確保のことを考えれば、都市ガスの送ガス・システムを利用する方がよい場合もある。灯油のコージェネも、ガスよりも灯油の利用が盛んな北海道などで、家庭用の規模ならば、適していると思う。いろいろなエネルギー源を、うまく組み合わせて使うことが求められている。

だから、コージェネの燃料をどれか一つに決めてしまうのでなく、灯油のコージェネ以外の部分は、ＬＰガスと都市ガスが半分ずつ担う、としたらよいのだ。そのためには、政府も、今のように、都市ガスだけを念頭に置いたコージェネ普及策を改めるべきではないか。そのことは、わが社から経産省に繰り返し要請している。

消費者に選ばれるエネルギーになるため、価格引き下げを

ガス・コージェネの燃料は都市ガス、という固定観念を砕くためには、政府を動かすだけでは駄目だ。まずＬＰガス業界が前向きになること、存在感を高めて、都市ガスと肩を並べられるよう、努力しなければならない。残念ながら現状では「肩を並べている」と言えない部分が多い。原因の一つは価格だ。

前にも書いたように、ＬＰガス料金は、販売事業者ごとに自由に設定できる。一〇立方メートル当たりの料金を調べると、全国平均が基本・従量合わせて七五〇〇円程度である。東京と周辺三県が最も安く、最も高いのは北海道である。これに対し、都市ガスを、ＬＰガス一〇立方メートルのカロリーに相当する量（二〇立方メートル前後）を消費した場合、三五〇〇円から五〇〇〇円程度である。

この差を縮めることは不可能ではない。そのための最大の課題は、流通経路の簡素化だ。ＬＰガスの流通経路は元売、卸売、小売を経て消費者、と最低でも四段階を経なければ

ならず、多いと仲卸などが入って、六段階も関わる場合もある。段階を踏めば、そこにコストが発生して、価格に転嫁される。逆に、流通機構をシンプルにすれば、それだけ安くできるはずだ。

一方の都市ガスは卸も小売もない直販、消費者と直結している。ＬＰガスも、卸売業者が直接、各家庭にガスボンベを配達することで、小売業者の業務の一部を肩代わりするところも出てきた。そうやって仕事量が減ったら、小売業者はその分、消費者に還元する、として販売価格を下げられるはずだ。

消費者に直にサービスする努力もしないで、「今、もうかっているのだから、このままでいきましょうよ」となれ合い、価格競争も避けていて、本当にいいのだろうか。一〇年後、二〇年後、ＬＰガス業界がどうなるか、考えてみてほしい。

太陽光、風力、地熱などの再生可能エネルギーの研究・開発は、これからますます進むだろう。掘削技術の進歩で、シェール層と呼ばれる地層から、燃料となるガスやオイル（シェール・ガス、シェール・オイル）が採れるようなった。今後、エネルギー源の多様化が加速するのは明らかだ。利用する側から見れば、選択肢が増える。当然、価格競争が起きる。今のような利益率の高いやり方を続けていたら、その時、勝ち残れなくなる可能性は大きい。

ＬＰガスはカロリーが高く、災害に強い。それに、都市ガスと変わらない料金という魅力が加われば、ＬＰガスのコージェネの認知と普及に、加速度がつくのは間違いない。

ＬＰガスそのものは、決してマイナーではない。ただ、ＬＰガス業界がもし、消費者を大切にしないで、今の自分の利益を守ることに力を注いでいるとしたら、「ＬＰガスの業界はマイナーだ」と言わざるをえない。

私もガス販売事業者である。ただ、私ひとりでできることは限られている。同じ気持ちの事業者を増やし、一緒に、業界内や行政、国民に働きかける活動をしなければ駄目だ。そういう同志がきっとどこかにいると信じている。

「ハイグレード天然ガス」の名を広めたい

もう一つ、ＬＰガスと都市ガスの間に差をもたらしているのが、世間の認識である。

東日本大震災の翌年二〇一二（平成二四）年、私はある政令指定都市に呼ばれて、職員研修の講師を務めた。受講者はみな、都市ガス・エリアに住んでいた。

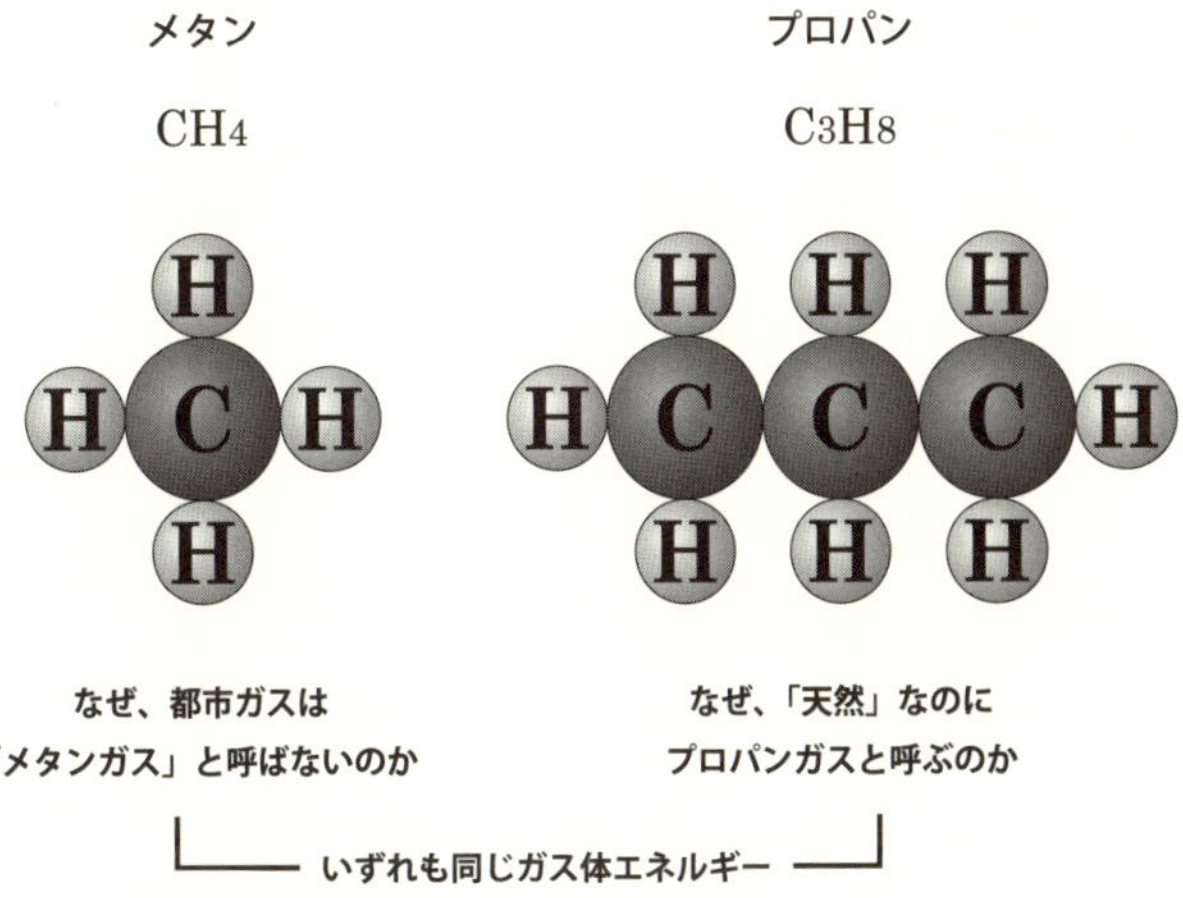

メタン
CH_4
プロパン
C_3H_8
なぜ、都市ガスは
「メタンガス」と呼ばないのか
なぜ、「天然」なのに
プロパンガスと呼ぶのか
いずれも同じガス体エネルギー

1㎥当たりの熱量は、メタン 9,000Kcal に対しプロパンは 24,000Kcal。
そのため都市ガスでは、増熱のためにプロパンを加えて 11,000Kcal にして販売

そこで私は「都市ガスとLPガスはどこが違いますか」と尋ねた。すると、ある職員が「都市ガスは地下のガス管を通ってくるが、LPガスはボンベに入っている」と答えた。「それは使用形態の違いですね。では、中身は違いますか」と問いかけると、全員が「違う」と答えた。これが行政の職員が抱いている、一般的な認識なのかと思ってがく然とした。

都市ガスの主成分のメタンも、LPガスの主成分のプロパンも、炭素と水素からできていて、分子構造も似ている。メタンの方が気化温度が

低く、供給形態に違いはあるが、どちらも同じガス体エネルギーである。

ＬＰガスの存在感が、都市ガスより小さい原因は、これまでも述べたが、もう一つ、都市ガスの原料を「天然ガス」と呼ぶことも関係している、と思う。

消費者は「天然」を重視する。「都市ガスは天然ガス」と聞くと、天然成分配合の石けんか何かのように、人の体にも環境にも優しいというイメージを持たれるのではないか。そこから都市ガスはよいもので、一方、ＬＰガスは「天然ガス」と呼ばないから、よくないもの、環境に悪影響をもたらすもの、などといった、全くの誤解を受けている気がする。

ＬＰガスのプロパン、ブタンも天然ガスの一種である。主に油田から産出するが、都市ガスの主成分であるメタンやエタンを産出するガス田からも、少ないながら出てくる。石油精製の過程で発生するものもあるので、一概に天然と呼べないのでは、という意見もあるが、石油精製工場から出るガスは本当に「天然」と呼べないのだろうか。工場から出てきたガスでも、別に化学合成などでつくり出したガスではない。油田から汲み上げた石油の中に含まれていたものを、石油と分離させただけだ。

同じ疑問が水の事業でも起きている。日本で「天然水」「ミネラルウオーター」などと名付けて販売されている水は、エヴィアンなどのヨーロッパのものを除いて全て、ろ過や加熱殺菌という過程を経ている。採水地を示すブランド名を付け、「天然水」として売っていても、こうした一種の加工が施されているのだ。

一方、わがアクアクララの水は、採水地は限定しない。水道水、井戸水など各地で入手できる飲料用の水を、衛生管理の行き届いた工場で、逆浸透膜を通して、ミネラルをバランスよく加え、デザインウォーターとして出荷している。その味は高く評価され、安全性も問題ない。それにもかかわらず、「何とかの天然水」などと表現されたものより、味などが劣るのでは、と思われてしまう。

水でもガスでも、「天然」と付く方がよい、と見られてしまうならば、LPガスも積極的に「天然」をうたっていこう。そう考えて、わが社では二〇一二（平成二四）年から、LPガスを「ハイグレード天然ガス」と呼ぶようにしている。「ハイグレード」を付けた理由は、カロリーが、都市ガスの原料となる天然ガスより高いからだ。カロリーは文化である。カロリーが高いLPガスは、それを使う生活の質もハイグレードにする、という意味も込めている。

わが社だけでなく、業界全体でぜひ、「ハイグレード天然ガス」という呼び名を使ってもらいたい。この呼称が広まれば、LPガスのマイナーなイメージは徐々に払拭されるのではないか。そして、電気をつくるエネルギー源として、都市ガスと対等またはそれ以上に扱われ、存在感が高まるにちがいない。

原発はゼロ、コージェネ普及に業界の力を集めよう

エネルギー・ミックスに関連して、原子力発電に対する私の意見も述べたい。

福島の原発事故の後、原発をゼロにすべき、という声が高まった当初は、原発を悪者扱いしすぎではないか、という気もした。

確かに原発の危険性は明らかになったが、今回の事故の原因は地震と津波という、自然災害も大きく関わっている。また、エネルギー源のほとんどを輸入に頼る日本で、電力の安定供給、経済性、二酸化炭素排出削減なども考えると、まだ原発に頼らざるを得ない面が大きい、と考えたからだ。

原発の拡大路線の中で日本に蓄えられてきた原子力の技術や知見を生かすためにも、原発をゼロにするタイミングは慎重に決めるべき、とも考えた。

2013 年 8 月、「政府が推進する国土強靭化施策と LP ガスの未来」シンポジウムでパネラーを務め、LP ガス・コージェネの重要性などを述べた

だが、原子力発電についてあらためて勉強すると、稼働することで出てくる放射性廃棄物の問題は無視できない。ウラン燃料などの高レベル放射性廃棄物は、地下深くに埋設しても、将来、絶対に地球環境を脅かすような問題が起きない、と断言できない。

現在、停止中の原発は、安全性が確認されたら稼働するではなく、できるだけ稼働させないようにすべき、と考えるようになった。

では、日本の電源はどうするのか。火力発電は二酸化炭素排出と送電ロス、燃料費上昇という問題がある。燃料費がかさんで電力料金が上がれば、日本経済の重しとなり、国民の負担も増えて、特に低所得者層などの弱者を直撃することになる。再生可能エネルギーは、安定性とコストという面でまだ課題も大きい。コージェネも、普及という意味では、ようやくスタートラインに立った、といったところである。

しかし、必死になれば、道は開かれるものだ。ガス・コージェネについて、業界全体が一致団結して取り組めば、普及を速めることも可能ではないだろうか。そういう意味でも、業界の意識改革を願っている。

人類の未来に終わりはない、だから――

エネルギーをどうするか。この課題は、エネルギー資源のほとんどを輸入に頼っている日本にとって、この先、ますます重くなるだろう。それに対し、目先のことだけで判断すべきではない。

まず一人一人がしっかり考え、その後、みんなでじっくり議論して、答えを見つけていくことが、今、最も求められている。その過程で、私が本書で述べていることも、ぜひ参考にしてもらいたい。

私は、仕事中心の人生の中で、いつもエネルギーをテーマに掲げ、それに挑戦し、今もなお、その未来を考えている。私の考えと行動は、きっと、日本の社会にとって、意義のある示唆になると信じている。

今、八五歳で、既に平均寿命を超えている。客観的に言えば、あと五年後も生きている可能性は、あまり高くない。エネルギーの将来について、三〇年先のことまで考える必要はない、と言われるかもしれない。

それでも私は未来のことを考える。命には限りがあるが、子、孫と世代交代をしながら人は生き続け、地球も存在し続けるから、人類の未来に終わりはない。私がこの世にいない三〇年先、五〇年先のことを考え、未来のために何か提案したり、見解を示したりすることは、この先も「生きる」ことにつながる。

そう信じて、これからもエネルギーの未来について、発信していくつもりだ。

第三部

わが人生

第一章
福島生まれ東京育ち

一家で福島から上京

レモンガスは二〇一二（平成二四）年、創業七〇周年を迎えた。第二次世界大戦中の一九四二（昭和一七）年に、現在の東京都品川区東中延で蒲田煉炭有限会社としてスタート。その一二年前に父が興した「中延煉炭」を法人化した。

事業は名前の通り、練炭（煉炭）の製造・販売をしていた。工場は初め、中延一カ所だったが、その後蒲田にも増設した。蒲田工場は、呑川《のみがわ》という川に面し、材料の搬入などに便利で、トラックを利用する中延よりコストも削減できる。それで法人化の際、工場を蒲田に集約した。

黒くて穴の開いた円筒形の練炭を、今では知らない人が多いのではないか。売られてはいるが、飲食店や屋台の調理、アウトドアの暖房など、利用場面は限られている。だが、一九二〇年代（大正期）から六〇年代半ば（昭和期）までは家庭のエネルギー源の主流だった。

家庭用には「四寸」と呼ばれる高さ約一二センチのものが普及した。専用の「上付けコ

3歳のころ、父と

ンロ」や掘りごたつに入れて利用。材料は同じで、握りこぶしほどのものは「豆炭」と言い、七輪《しちりん》などに使われる。

父、彌平は練炭の事業を始める前、福島県の勿来《なこそ》（現・いわき市南部）で農業をしながら、当時は百貨店、今のスーパーのような店も経営していた。米、菓子、日用雑貨や鮮魚も扱っていた。また馬を所有し、荷車などを引くための動力として貸していた。

経営は順調だったようだが、その父（私の祖父）彌太郎に問題があった。ばくち好きで、仕事をせずに入れあげる。その結果、借金ができる。返済のため馬をはじめ、家のものを次々と売るようになった。「このままでは、家がつぶれてしまう」。そこで父は家の土地・財産を全て売り払い、一家を連れて上京を決断した。

東京に来たのは一九二九（昭和四）年。この時、私は一歳だった。だから福島で生活した記憶はほとんどない。兄弟は兄が二人いた。下にもう一人、兄がいたが、幼い時に亡くなった。

上の兄は父の名を一字とって彌喜雄《みきお》、下の兄は彌智雄《みちお》という。

私がなぜ「一二《かずじ》」なのか、父に尋ねた。

「簡単でいいじゃないか。おまえは昭和三年一〇月一二日生まれで、その日が名前になっている。「一」と「二」を足せば生まれた年になる。覚えやすいだろう」

近くに日蓮宗の池上本門寺があった。日蓮は私の誕生日の翌日一〇月一三日に入滅、亡くなっていて、池上本門寺では入滅にちなむ「お会式《えしき》」が一一日から一三日にかけて行われる。

「だから、お前は日蓮さんの生まれ変わりだと思えばいい。よけいなことを言うな」とも言われた。

私の下には孝、さらに正人、中《ただし》と男が続き、その次に初めての女の子の芳江が生まれ、その次も女の子だった。正人と次女は幼い時に亡くなった。

東京に出てきた時、一家は父と母クニ、子ども三人に祖父と、文久三（一八六三）年生まれの曽祖母（祖父の母）のユウ。さらに父の妹が二人いた。

母の里帰りが楽しみ

私たち一家が上京する前から、母の兄、渡辺亥久蔵《いくぞう》は現在の品川区戸越で薪や木炭の販売をしていた。薪や木炭も、当時の家庭にとっては重要なエネルギー源だ。

伯父は、土地などを売ったお金を元手に、東京で事業を始めたい、と相談する父に「これからは練炭や豆炭がいいのでは」と助言した。当時、大手の練炭業者は一、二あり、それに続いて小規模の事業者が出てきていた。

東中延の土地も、恐らく伯父が用意したのだろう。そこに父は住居と工場を建て、練炭の事業を始めた。工場といっても、今考えると非常に狭い。その中で五～六人の従業員が、石炭の粉だらけになって作業した。最初のころは父も真っ黒になって働いていた。祖父は東京に来ると、ばくちはしなくなった。代わりによく浅草に出かけ、映画を見たりしていた。

妹二人は進学し、卒業後、一人は教師に、もう一人は会社に勤めた。父は満足な学歴もなかったが、妹たちにはきちんと教育を受けさせたい、という思いがあったのだろう。

親を大切にし、妹の面倒を見る。一生懸命働いて、事業を軌道に乗せ、みんなの暮らしを楽にしてくれた。そういう父を親たちも兄弟も、神様のように尊敬していた。

ところが私から見た父は、横暴ですぐ殴るので怖くて嫌な存在だった。

母もよく父に怒鳴られ、ビンタで殴られるなどの暴力を受けた。また大姑《おおじゅうとめ》や舅《しゅうと》、小姑《こじゅうとめ》からは、しょっちゅう怒られていた。

炊事・洗濯などは、母一人に背負わされた。電気洗濯機も掃除機もない。水道もなく、代わりに、庭の井戸から水をくみ上げるのも、母の役目だった。家族には赤ん坊から年寄りまでいて、住み込みの従業員もいる。本当に一日中働きづめだ。

戦前は、嫁いだ家で奉公人のように働かされる女性は、母だけではなかった。多くは理不尽と思いながらも耐えていたのだ。

私の母は我慢の限界に来ると、福島県の山田村（現・いわき市）の実家に里帰りをした。この時、幼い私だけを一緒に連れていってくれた。

上野駅から常磐線に乗る。当時の常磐線は汽車で、トンネルに入ると煙の独特のにおいが鼻を突いた。四時間ぐらい乗ると、水戸駅に着く。ここで母は、芋でつくられた名物の「水戸ようかん」を買ってくれる。水戸駅からさらに四時間ほどで、母の実家に近い植田駅に着く。

この旅が楽しみだった。母も私も、伸び伸びとした。水戸ようかんの味も、汽車の煙のにおいも、うれしいものとして心に刻まれた。

だから、母が父とけんかして、殴られているところを目撃すると、不心得にも「そろそろ行くかな」と期待が膨らんだりした。

福島の実家で、母としばらく穏やかな時を過ごしていると、やがて父が迎えに来て、幕が下りた。

こんなことが、私が小学校一年生ごろまで、何回か繰り返された。

公職で活躍をした父

一九三五（昭和一〇）年に、中延尋常小学校へ入った。今もこの小学校はある。ただし、現在は品川区立だが、私の通っていたころ、中延の辺りは荏原区だったので、当時は荏原区立だった。

私が四年生になったころから、父は、事業に余裕が出てきた。会社は従業員に任せ、自分は、町内会長や荏原区の区議会議員、小学校の後援会会長などの公職で活躍するようになった。

小学校の後援会とは、今で言うＰＴＡだ。学校で何か行事があると、後援会長の父も来てあいさつした。

壇上で父が話すのを、私もみんなと立って並んで聞く。すると必ず、後ろに並んでいた友達が「また、お前の親父《おやじ》が出しゃばってきたな」とでも言いたげに、私のすねの後ろを足でけったりしてからかってきた。

学校の行事で思い出すのは、明治憲法下での教育方針を示した「教育勅語《ちょくご》」のことだ。二月一一日の紀元節、四月二九日の天長節などの「四大節」と呼ばれる日があり、その日は祝日なのだが、小学生は登校しなければならない。

校庭に並ばされ、校長の動きに注目する。校庭のすみに奉安殿という小さな建物があり、その扉をゆっくりと開けて、中から紫のふくさを取り出し、ささげ持つ。そのまま児童らの前に戻り、もったいつけて、ふくさを広げ、中から筒を取り出す。筒の中には巻いた紙が入っている。それを開いた瞬間、児童たちは頭を下げる。紙には「教育勅語」、つまり天皇から与えられた言葉が書かれている。それを校長が読み上げるのを、じっと聞いていなければならない。

ちなみに、式の時は聞くだけだが、「勅語」は全文暗記させられた。

このような作法により「勅語」がいかに大切か、天皇はどれほど尊いか、子どもたちの頭にしみ込まされる。私も天皇を神格化するような話を信じていた。私だけでない、当時の国民の多くはそうだった。

ところがそういう時代でも「勅語」を茶化《ちゃか》した、替え歌のようなものがつくられていた。「朕《ちん》（ちん）惟《おも》うに」から始まる文言を巧みにもじって「思わず屁《へ》をたれた。汝臣民、臭《くさ》かろう」などと笑わせるものだ。

当時、この「勅語」のパロディーを誰かから聞かされたときは、思わず笑ってしまったものの「なんて不謹慎な」と感じた。あとになって考えると、すべて「右へならえ」と同じ方向を向いていた時代、こういうユーモアを持っていた人がいたことに驚かされる。

しかし、世の中は軍国主義的な風潮がどんどん濃くなっていった。

学校の勅語の「儀式」の後、あいさつに立った父の話も、いつも「みなさんは天皇陛下の子として、お国のために尽くしてください」といった内容だった。

やがて六年生になり、中学進学について考えなければならない時が来た。

軍人を輩出した中学

私は父のことを密《ひそ》かに「げんこはりまのかみ」と呼んでいた。何かあるとすぐに殴るからだ。時にはお灸《きゅう》をすえられた。

頑丈な父の手で押さえつけられ、「もうしませんから、許してください」と叫ばないと、やめてくれない。お灸の跡は今でも腰に残っている。

怖い父だったが、子供の教育にはあまり関心がなかった。そのためか、中学進学についても、私に何も言わなかった。「中学に行け」とも、「どの学校がいい」とも言わない。それで兄たちに相談した。

二人の兄は、品川区西五反田に今もある攻玉社商業学校へ進学した。私が小学校六年生の時、七歳上の長兄は既に卒業、五歳上の次兄も卒業の年に入っていた。場所は家から歩いて三〇分ほどと便利だ。兄たちに勧められ、私も攻玉社商業に行こう、と考えた。

それでこの学校へ、願書を出しに行った。帰ろうとすると、教頭に呼び止められた。

「きみは赤津というが、兄貴がこの学校にいたな」

小学校６年生のころ、千葉県九十九里浜海岸で。後列右から４人目が私、左から二人目が小松原先生

「はい、そうです」

「兄貴の彌喜雄は、学校で何をやらかしたか知っているか。勉強もしないで、机にナイフでいたずらをしていたんだ。きみもそういう男か」

こう言われて、怖くなった。上の兄が残したイメージは、どうもよくなさそうだ。教頭と、また顔を合わせるのも嫌だ。この学校には通いたくない。

攻玉社には商業学校のほかに中学校も併設されていた。同じ敷地内だが、商業学校とは校舎も教員も別だ。それならこっちに通おうか、と攻玉社中学にも願書を出した。二校に願書を出し、実際は中学だけを受験して合格した。

中学に通う前、小学校の卒業式の日のことも、よく覚えている。担任の小松原先生が、教室の黒板に「少年老いやすく学成りがたし」で始まる漢詩の全文を書いた。「若いうちにしっかり勉強しなくては駄目だ。気が付いた時には、既に老いている」と詩に託して伝えてくれたのだ。

当時の小学六年生は、現代より漢詩の理解力があったので、この詩は私の心に響いた。ただ、その後の社会が戦争一色となり、勉強すること自体、困難になっていった。

攻玉社は、今は進学校だが、明治時代に海軍予備科が置かれ、歴代の海軍大将のうち一六人を輩出した。日露戦争で名を残した海軍中佐の広瀬武夫、太平洋戦争の終戦の時、総理大臣だった鈴木貫太郎も、攻玉社の出身だ。

そうした輝かしい歴史が脈打っていたので、中学校とはいえ「軍人の予備校」のようなところがあった。戦争の足音が近付くにつれ、この特色はさらに濃くなっていった。

入学したのは一九四〇（昭和一五）年で、その翌年、太平洋戦争に突入する。

二年生のころから、勤労動員で工場に働きに行くことが多くなった。人も物も足りないから、一四～一五歳の子どもも駆り出されるのだ。そうした状況を見て、私にも戦局の厳しさが察せられるようになった。

内緒で陸軍入り志願

小学校のころは「対岸の火事」だった戦争も、中学二、三年になると身近に迫ってきた。周囲で出征する人が増え、やがて二人の兄も召集された。

町内会長の父は、町内で出征兵士の送別会があると必ずあいさつをした。話の流れは決まっていて、まず有名な和歌を一首詠み、それをもとに話を広げ、最後は「お国のため、命を捧《ささ》げることは男子の本懐である」などと締めくくる。

父が小学校の後援会長だったころから、たびたび聞かされたせいか、こういう考え方は私の心にしみ込んでいった。

中学校でも軍事思想をたたき込まれた。当時の学校には「教練」という軍事教育の教科があったが、攻玉社中学はこの科目に特に力を入れていた。

その授業で使った教科書は現在も持っている。携行しやすいよう、「教科書」ではあるがポケット・サイズだ。

中は、銃の持ち方や匍匐《ほふく》前進といった、実戦の技術を挿絵入りで説明している。その冒頭には、「教育勅語」や「軍人勅諭」などを掲載、これらを繰り返し読ませて、精神教育も徹底した。

今この教科書を開くと、教練の授業を受けながら、考えていたことがよみがえる。お国のため、天皇のため、社会のため、男として何ができるのか。私だけではない。あのころの男子中学生は、こういうことを考えるのは当たり前だった。実際にどう行動するかが違うだけなのだ。

そのうち、この戦争で日本に勝ち目がないのが、私にも分かるようになった。「徹底抗戦で最後の一人まで」となれば、いずれ私も戦場に駆り出されるか、本土で敵を迎え撃たなければならない。いつか命を捧げなければならないのなら、一日でも早い方がいいのではないか。

もっと生きていたい、という気持ちはあまりなかった。もっと生きて、もっと人生を楽しみたい、という思いは今の方がはるかに強い。年を取るほど、生への執着が強くなるようだ。

ついに私は、志願して軍隊に入る決意をした。一九四四（昭和一九）年の春、中学四年に上がったばかり、まだ一五歳の時だ。

その前年、それまで満一六歳以上だった志願年齢が、特別措置により満一四歳に引き下げられていた。

当時、志願兵になる道は海軍兵学校、予科練、陸軍幹部候補生などがあった。攻玉社中学には一学級に四〇人前後、一学年五学級で約二〇〇人の生徒がいた。各クラス五人前後、学年全体で二〇人ぐらいが、このいずれかの方法で志願兵となったのではないか。

私は、陸軍特別幹部候補生に応募した。記憶は定かでないが、学校で取りまとめたのかもしれない。両親はじめ家族には、申し込んだことを内緒にした。

五月ごろ、郵便で入隊通知が来た。家に届いたのを運よく見つけ、家族に見られないように抱えて持ち去った。中には「八月一五日に島根県松江の陸軍航空隊に入隊せよ」とあった。

母の「千人針」に驚く

志願兵として入隊が決まったことは、親になかなか言えなかった。

理由ははっきりしない。兄たちが出征しているので、私まで行ったらつらいだろう、と思いやったのかもしれない。

入隊まであと半月、という時になってようやく、打ち明けた。

母は涙声になり「お兄さんが二人も行っているのに、何であなたまで行く必要があるの」と叫んだ。父は激怒し、以後、一言も口をきかなかった。

その晩、両親は大げんかを始めた。「お前の育て方が悪いからだ」「あなたの教育のせいです」と互いを責める。母が泣き崩れる様子も、隣の部屋で察せられた。

母の態度に「お国のために行くのに、なぜ反対するのだろう」と不満に思った。だが大人になり、自分が親になってみると、あれが母親として当然の態度だった、と分かるようになった。

父は小学校や町内会のあいさつで「戦争で死ぬのが男子の本懐」と、大勢に対して戦地に赴くよう促してきた。しかし、わが子が自ら戦争に行くのは受け入れなかった。

町内会長として、いつもは入隊する人を駅で見送る会を仕切っていた。だが私には、「送ってやるものか」と最後まで背を向けた。

母は嘆きながらも、入隊の準備をしてくれた。出発の前日には「千人針」を渡してくれた。さらしに赤い糸で一針ずつ結び目をつくったり、穴の開いた硬貨などを結び付けたも

母クニ。戦後 50 年近くたち、70 歳代後半に差し掛かったころ

のだ。胴に巻くと鉄砲の弾をよけられる、と信じられていた。

結び目作りは、「千人」は無理でも、できるだけ多くの女性が協力するのがよい、とされた。

そのため、さらしを持って頼んで回ったり、街頭に立ち、道行く人にお願いする。多くの女性がそうやって愛する人のため、必死になって千人針をつくる姿を見てきた。

母もそうしたのだ。渡された時「あんなに反対していたのに」と驚いた。母の深い思いを感じた。

島根の松江までの行き方を調べ、切符の手配もしてくれた。私はそれまで、箱根や熱海より西へ行ったことがなかった。松江には東海道線に乗り、京都で山陰線に乗り換える。それを紙に書いて渡し「松江に着いたら旅館に泊まるように」とも指示された。

母がこしらえた荷物とおにぎりを持って一人で旅立った。松江に無事着いたが、旅館の泊まり方が分からない。いったん改札口を出たが、引き返して、駅のベンチで一晩明かした。

翌日の一九四四（昭和一九）年八月一五日、松江の陸軍航空隊に入隊した。

まず、着ていた学生服も下着も脱ぎ、軍が支給するものに着替えさせられた。

お金の持ち込みは禁止されたが、「何かの時のために」と母が紙幣を下着に縫い付けてくれた。着替えのため裸になると、係官にあっさり見つけられた。他の人も同様だった。「預かっておく」と言われたが、結局、返されなかった。

第二章

中国へ戦争に行く

極寒の中国東北部へ

島根の松江の陸軍部隊に入隊すると、最初の三カ月間は航空隊員としての訓練を受けた。と言っても、飛行訓練はできない。戦争末期で、内地には敵と戦える飛行機がほとんどなかった。

本来は実地訓練で適性などを調べ、それをもとに飛行士、整備士などへ振り分けるのだが、不可能だ。必然的に整備士となるための講義が中心となった。

三カ月の訓練期間が終わると転属命令が出た。行き先は、すぐには知らされなかったが、やがて満州（現・中国東北部）と分かった。下関から船で現在の韓国の釜山港まで行き、そこから鉄道で北上する。

既に内地には制空権も制海権もない。船が途中で撃沈される恐れがあった。一方、満州には日本の傀儡《かいらい》政権が置かれ、駐留する関東軍にはまだ戦力がある。そこまで行けば、日本より安全、とも言えた。

日本を発《た》つ前、遺書を書き、髪と爪とともに封筒へ入れた。戦死すれば、その中身が家族のもとへ送られる。遺書は、上官が言う「文案」の通りでなければならない。

「あなたの子どもに生まれたことを感謝します。これから戦いに行きます。死んでも、悲しまないでください。草葉の陰からあなた方のことを見守っています」

こんな内容だ。検閲があり、未練がましいことや皮肉は書けない。そんなことを書いたら、呼び出されてビンタを食らわされただろう。

松江を発ったのは一九四四（昭和一九）年の一二月初めごろ。船底にすし詰め状態で乗った船は、幸いにも沈められなかった。韓国・釜山から鉄道で中国北部の吉林省の敦化《トンファ》へ向かった。

途中、今の北朝鮮の北東、中国との国境に近い海沿いの清津駅で、初めて列車から外に出た。外気に触れると、今まで体験したことのない寒さに襲われた。氷点下三〇度ぐらい、と聞いた。

私は子どものころ、まつげが長かった。まつげに自分の吐いた息がかかると、一瞬で凍って固まった。上官からは「五分ごとに耳や鼻をこするように」、と指示された。凍傷を防ぐためだ。

こんなに寒いところで、人間が暮らしていることが信じられなかった。

敦化で、第五四飛行大隊一六六部隊に編入された。飛行機があり、内地よりはましな訓練ができた。

翌年一月、さらに北西のチチハルに転属になった。大興安嶺山脈の東のふもとに位置し、山脈を越えるとモンゴルに近づく。

三九年、中国とモンゴルの国境付近で、日本とソ連（当時）との武力衝突が起きた。ノモンハン事件と呼ばれる。チチハルはその地から東へ三〇〇キロメートルほどだった。この衝突で日本軍は敗退し、その影響でチチハルの軍備は強化された。飛行機も、いくつかの機種を合わせ五〇機ほどあった。

訓練機もあった。二人乗りで、前の操縦席には指導する士官が乗る。われわれ訓練兵は、上空で士官の指示に従って作業する、という簡単な訓練だった。

理不尽な訓練に耐え

敦化もチチハルも、毎晩氷点下三〇度まで冷え込んだ。便所では液体も固体も凍る。使い続けると便が積み上がる。中にハンマーが置いてあり、これで便をたたいて崩すのだ。

チチハルの部隊の食事風景。1945年ごろ、他の部隊を写したもの。現地で配られ、持ち帰った中の1枚

しかし全く臭くない。ここの中で、私はよくおにぎりを食べた。訓練や上官の言いつけなどに追われ、夕食をとる時間がなかったからだ。

ご飯をにぎってポケットに入れ、夜中、用足しへ行くふりをして、こっそり食べた。一息つく場所であり、つらさから涙を流すこともあった。

軍隊は、入る前は、教育を含めもっとレベルの高いところだと想像していた。そういうところで華々しく死のう、と思っていた。実際はかなり泥くさかった。

われわれ兵士には銃が支給された。訓練で銃を使うと、銃身に弾のくずがたまっていく。放っておくと、撃つ際に暴発する危険がある。そのため、まめに掃除するよう指示された。

夜、兵舎のベッドに入った後、よく当番の上官が銃の点検に来た。

部屋に立て掛けてある銃の引き金に、一丁ずつ指をかける。弾は入っていないから発砲はしないが、小さく「カチン」と音がする。この音が続いていけば問題ないが、手入れをしていない銃は、「ガタン」と大きな音を立てる。

その銃の持ち主のいる部屋は全員、たたき起こされ、整列させられる。

一部屋に四〇人ほどが寝ていた。「天皇陛下から賜った銃の手入れを怠った」ことの連帯責任として、一人ずつ殴られる。上官は、拳が痛くなると、履いていたスリッパでたたいた。

持ち主はみんなの前でしごきを受けた。ある時、私も呼ばれて「銃に向かって謝れ」と命じられた。

銃を両手で、目より上に捧《ささ》げ持ちながら「赤津候補生は手入れを怠りました。以後、このようなことは決していたしません。お許しください」などと言わされる。

銃の重さに耐えかねて両腕が下がると、「もっと上げろ」と怒鳴られる。必死に持ち上げるが、また下がる。

チチハルの部隊の様子。ベッドの脇に銃が立て掛けてある

「どうした。銃が許してくれると言ったか」

この時「いいえ、言いません」と踏ん張らないといけない。他の人がやられた時に見ているから分かっている。だが、腕が震えてどうしようもなくなり「言いました」と答えてしまう。

すると上官は、私から銃を取り上げ、「銃がものを言うか」と往復ビンタを食らわせてきた。私がどうしようと、ビンタまでいかないと、上官は引き揚げないのだ。

何とも悲しかった。これが軍隊なのか。だが後になると、あの理不尽さに意味があったようにも思う。

世の中には理屈で割り切れないものがある。その最たるものが戦争だ。理不尽に耐えられなければ、最後は落後してしまう。理由なく殴るのは、耐える力を付ける訓練になる。この力は、軍隊が強くなるためにも、一人の人間が生き延びるためにも大切なものだ。

私は要領が悪く、上官にいじめられてばかりいた。それでも負けずに生き抜こう、と思うようになった。

「遊び」へ同行し赤恥

チチハルの隊へ転属するために、敦化から鉄道で移動したときのことだ。松花湖というところで休憩をとった。松花江という大きな川をせき止めて造られた湖だ。

一月で、川は凍っていた。その上に人が集まっている。夕暮れ、白い服に身を包んだ女性たちが、キリスト教のミサを行っていた。氷上に十字が掘られ、キャンドルに灯がともり、音楽が流れている。何と美しい光景だろう。

その女性たちがまた美しい。ロシア革命後、母国を追われた、いわゆる「白系ロシア人」らしい。

「こんなきれいな人が、この世にいるのか」と衝撃を受けた。従軍中、あれほどの美人に出会ったのは、後にも先にもこの時だけだった。

私は軍隊に入って三カ月後、一六歳を迎えたが、まだ女性経験はなかった。入隊前はそういうことが何となく嫌で、避けているところがあった。

その一方、自分で言うのもおかしいが、「紅顔《こうがん》の美少年」のように見られていた。

家に住み込んでいたお手伝いの若い女性が、ある晩、私のふとんに入って抱きついてきた。私はびっくりして、突き放した。その人は間もなく結婚して、わが家から去った。

一九四五（昭和二〇）年一月、チチハルに来て間もない、ある休みの日だった。先輩に「遊びに行ってこい」と言われ、「はい、サック」と、今で言うコンドームを渡された。「サック」が何なのか、「遊び」とはどういう意味か、分からない。きょとんとする私を見て、先輩は言った。「よし、連れていってやろう。付いてこい」

チチハルの街には、娼館《しょうかん》の並んでいるところがあった。日本にもかつてあった公娼街だ。軍隊が休みなので、兵士が集まっていた。

階級により、入る店が決まっていた。一軒、兵クラス（兵長以下）の人たちが列をなしている店があった。

店の前で、初老の女性が「はい、次」「はい、次」と機械的に男たちをさばいている。

相手をする女たちの顔が見えた。その大半は、中国系か朝鮮系のようだった。

日本の軍人が入る店は他に二軒あり、一軒は伍長《ごちょう》などの下士官、もう一軒は士官以上といった区別らしい。これらの店の女性は日本人だった。

先輩と一緒に下士官向けの店へ入った。私は幹部候補生なので、入隊した時点で上等兵、訓練を終えて半年から一年たてば、下士官の伍長になる、と決まっていた。

個室に入ると、長襦袢《ながじゅばん》姿の女性がいて「はい、脱ぎなさい」と迫ってくる。私は怖くなり、やがて体が震えてきた。「あなた、初めてなの」と女性が尋ねてきた。何も言えず、恐ろしい場所から逃げる思いで、部屋を飛び出した。

その後、この女性が先輩に「あの子、震えて、何もできなかったのよ」と言い付け、二人で大笑いするのを陰で聞いてしまった。

以後、軍隊にいる間、こういう店には一度も行かなかった。

最前線の南京に転属

満州（現・中国東北部）のチチハルの部隊でひと月半ほどたった一九四五（昭和二〇）

年二月半ば、南京の飛行第四八戦隊への転属命令が出た。

当時の満州は事実上、一つの国家で、二月の段階では連合国軍と交戦状態にはなかった。一方、南京は蔣介石《しょうかいせき》率いる国民政府（中華民国）の首都だったが、三七年末以降、日本軍が占領、東南部侵攻の拠点とした。国民政府に対し、連合国のソ連やアメリカは軍事支援を増強し、南京にいる日本軍を追い詰めようとしていた。まさに最前線だ。

そこに転属となるわれわれに、チチハルに残る仲間や先輩は「お前たち、これで終わりだね」「もう日本に帰れないな」と同情するように言った。

チチハルから列車で南西へハルビン、長春、瀋陽《しんよう》などを経て天津《てんしん》に到着。そこからさらに南下し、徐州などを経て揚子江の手前、浦口《ほこう》に着いた。当時、鉄道はここで途切れていた。

ここまで二日間ぐらいかかった。兵隊を移送するための臨時列車だから、スムーズには走らない。途中駅で長い時間待たされたりした。

揚子江は、向こう岸が見えず、海のようだった。さらに驚いたのは、人の死体が浮き沈みしながら流れている。戦死者なのか、貧しさゆえにきちんと葬られないのか、理由は分からない。遺体が普通に流れていることに、この国の大きさや深さを感じた。

船で揚子江を渡り、トラックに乗り換え、南京の太狡飛行場に着いた。

中国大陸に配置された日本軍の多くは歩兵隊だ。飛行隊は目立つ存在で、中でも第四八隊は有名だった。配備された飛行機はすべて陸軍の主力戦闘機「隼《はやぶさ》」。私が着いた当初は三〇機ほどあった。

陸軍の戦闘機には、猛禽《もうきん》類の愛称を付ける習わしがあるので「隼」と呼ばれたが、正しくは「一式戦闘機」という。正式に採用された皇紀二六〇一（西暦一九四一）年の「〇一」からとった。

機体が軽く、加速性能に優れていた。しかし戦闘を重ねるうち操縦士が減少。中国のあちこちの部隊から兵士を集めて、第四八隊を再編成したのだ。その一人となったことを名誉と思った。

それまでは志願兵だけの集団にいた。そのほとんどは私と同じで、中学にいったん進学してから入隊した少年だ。知性派が多く、「一致団結して突き進む」といった、軍隊に求められる気風が生まれにくい。

一方、第四八隊は徴兵で入隊した兵士からえり抜いた集団だ。「理不尽なことも構わず、

戦後 40 年以上経て「隼（はやぶさ）」と“再会”。米国シアトルのボーイング社にある航空博物館で

勝つことだけを目指して前進あるのみ。命も惜しくない」といった気概がみなぎっていた。とはいえ、戦況は悪くなる一方だ。

私は整備士の任についた。作戦などの関係で土山鎮や泰県など、南京のある江蘇省内の飛行場を回された。出撃した飛行機が全機、帰還することはありえない。人も戦闘機も減っていった。

農家で「驚き」の体験

飛行第四八戦隊の拠点である南京の太佼飛行場では、兵舎を建築中だった。完成するまで、中国人の家に五～六人ずつ分宿することになった。

泊まったのは農家だ。と言っても、福島の親戚の家とは、けた違いの規模である。家の造りは立派で、所有する畑はとてつもなく広大だった。私の母の実家では馬や豚などは土間の続きにいたが、この家には家畜用の別棟があった。

満州（現・中国東北部）にいたころは「日本と同じように、中国も貧しいな」と感じていた。しかし、南京を目指して列車に乗ると、南へ行くにつれて家が大きくなり、畑に見える作物が豊富で、緑も濃くなっていく。

「この国は貧しくなんかない」。農家に泊まると、その印象は一層濃くなった。

家は、いくつもの棟が「コ」の字型に並ぶように建てられていた。中央部分には主人一家と高齢の両親、袖に当たる部分には主人の兄弟とその家族が住んでいる。一五人前後の大家族だった。われわれは、袖の部分のひと棟を空けてもらって入った。

日本軍が南京を占領してから七年以上がたつので、この辺りにいる人の多くは、ある程度、日本語を話した。泊まったのは皆、一〇代後半の少年だったので、安心感もあったのだろう。食事も十分、食べさせてくれた。

驚いたことに、われわれ少年兵の見ている前で、平気で夫婦げんかをした。自分が正しいと主張し合う。特に女性はなかなか引っ込まない。われわれのところまで来て「私の方が正しいんだよ」とわめき、応援を求めたりもした。

そんな騒動もあれば、家中、ひっそりするときもある。何曜日か忘れたが、週に一回、家族総出でどこかへ出かける。集会があるという。帰ってきて、どんな話があったのか尋ねると、「毛沢東《もうたくとう》」という人の話が出たことは分かった。

当時、南京を中心とする東部の一帯は「南京国民政府」と呼ばれた日本軍の傀儡《かいらい》政権が治めていた。国民党の元幹部で、蔣介石と決裂した汪兆銘《おうちょうめい》が担《かつ》ぎ出されて一九四〇年に成立した。汪は四四年に日本で病死したが、政府は日本の敗戦まで続いた。

その政権下にありながら、住民は誰も南京国民政府を信用していない。日本のことも信じていない。重慶にいる国民党の蔣介石には、見捨てられたと感じている。一方、毛沢東が率いる中国共産党の影響は、農民一人一人にまで及んでいた。

この時、共産党と国民党は「抗日」のために手を組んでいた。しかし日本が敗退すると再び敵対して内戦を始める。国民の政治意識も高いが、政治家の考えることも浅くないと思った。

農家に泊まったころの私は、軍国少年のまま戦地に来たので、中国の政治や歴史の知識が全くない。こうした政治状況は分かっていなかった。

ただ、「集会で毛沢東の話をした」と聞いたことが、その後、私の戦争体験の中で、最も大きな意味をもつことになる。

農家に二カ月ほど「下宿」した後、完成した太佼飛行場の兵舎へ移った。

上海で終戦を迎える

ある時、任務で南京から揚子江を上ったところの武昌の飛行場にいた。帰還した飛行機の格納を手伝っていると、それを追ってきた敵のアメリカ軍機が上空に姿を現した。

Ｐ51戦闘機だった。「ムスタング」の愛称でも知られる、機動性に富んだ高性能機だ。飛行場で作業中のわれわれの狙い撃ちを始めた。

一機だけではない。次々に飛んできて、上空を旋回しながら撃ち続けた。

逃げるしかない。辺りは広々とした滑走路だ。弾を避けられる場所はないか。とっさに「スターター」と呼ばれる自動車を見つけ、その下に潜り込んだ。

当時の飛行機は自力で飛び上がれない。プロペラを回すため、外から力を与える必要があった。普通は手で回したが、自動車の動力を、プロペラを回転させる力へ変換する装置が考案された。それを備えた自動車がスターターだ。

敵の狙い撃ちは続いた。弾がコンクリートの地面に当たると、コンクリートの破片が四方に飛び散った。自動車の下に潜り込んだものの、私の足先は車体からはは み出し、そこへ弾や破片が突き刺さった。

私は無数の裂傷を負い、服も燃えて腕にやけどをした。約二〇日間、入院した。この時のけがが原因で、足の成長がアンバランスになり、今も右足を少し引きずる。

この攻撃で何人もの兵士が命を落とした。その多くは、突然現れた敵機の前で、足がすくんで動けなくなったようだ。

どうしたらよいかと頭を働かす前に、直感的に反応して、ひたすら逃げる。それが命を守るために大切だ。理不尽を強いる軍事訓練は、こういうとき、考えるより先に行動する感覚を養うのに有効ではないか。後でそう思った。

七月、われわれの隊は、「隼」とともに上海の大場鎮飛行場に集結した。軍がどこまで予測していたかは分からないが、ソ連（当時）侵攻に備えるためだったのは確かだ。

上海まで、輸送を兼ねて隼で飛んだ人もいたが、私はトラックの荷台に乗って行った。上海まで二日間ほどかかった。

八月九日、ついにソ連が宣戦布告して侵攻してきた。第四八戦隊には、北京北西の張家口付近で、南下するソ連の機甲部隊（戦車、装甲車などを中心とする陸軍部隊）攻略のため、北京への転進命令が下った。

一三日に出発する予定だった。ところが悪天候のため延期になり、そのまま一五日の終戦の日を迎えた。

もし終戦があとひと月先だったら、われわれは満州（現・中国東北部）で玉砕しただろう。そう考えると、運に助けられた、とつくづく思う。

満州のチチハルを出るとき、残る人たちから、最前線の南京へ行くのを気の毒がられた。だが、聞いた話では、残った部隊に厳しい運命が待っていた。

宣戦布告直後、突然、ソ連軍が侵攻。交戦したが、結局は四散し、多くの人が死亡した。逃げ延びた後、投降した人たちはシベリア抑留になった、という。

抑留中に命を落とす人も少なくない。私がもし残留組だったら、日本に帰れただろうか。このことを振り返るたび、運命の不思議を感じる。

国民党軍に技術指導

戦争が終わっても、しばらくは上海の大場鎮飛行場で待機していた。

一カ月ぐらいたつと、重慶から、国民党率いる中華民国の航空部隊がやってきた。飛行場に降り立った兵士たちは、軍隊という意味では頼りなさそうだった。「こんな軍隊に負けたのか」と悔しさがこみ上げてきた。

考えてみれば、日本軍に引導を渡したのは中国だけではない。アメリカや、ソ連なども含めた連合国軍に負けたのだ。そう理解すれば、負けを受け入れられた。

米ソと日本とでは、武器の性能の差は歴然としていた。例えば、われわれが担《かつ》いでいた銃は「三八《さんぱち》式歩兵銃」という。陸軍が採用したのが一九〇五（明治三八）年なので、この名が付いた。つまり、四〇年近くたってもまだ、同じ型の銃を使っていたのだ。

それでも武器は武器だ。優れた技術もある。国民党へ、日本軍の戦闘機などの武器を、すべて引き渡すことになった。

国民党の次の敵は中国共産党だ。その戦いに日本軍の戦争技術を利用しよう、というのだ。

共産党も同じことを考える。どちらが武器を取るかは早いもの勝ちだ。共産党には、満州（現・中国東北部）にいた関東軍の武器が回ったと見られている。

国民党は、戦闘機の提供だけではなく、その操縦方法や整備の指導も求めてきた。そのため、九月から十一月までの三カ月間は、飛行隊全員がその指導に当たった。

この間、捕虜収容所に入れられたが、待遇はよかった。食事も満足できる量だった。

しかし、その三カ月間が終わり、武器も技術もすべて引き渡すと、待遇は手の平を返すように変わった。

船の荷揚げや荷下ろしをやらされた。運ぶのは米などの入った袋だ。一番重いのは砂糖の袋で八〇キログラムもある。当時、私の体重は五〇キログラムぐらい。歩くうち、足が震えてきた。あの袋が背中にベタッとのしかかる感覚は、体にしみ込んだ。

その重さに耐えながら、陸と船の間にかかる細い板を渡るのだ。幅は三〇センチぐらいの細さで、グラグラ揺れる。落ちても不思議ではないが、落ちなかった。

あの体験を思い出すと、人間の能力は、訓練すれば相当すごいことができる、という気がする。

戦後、LP ガス事業の関係で中国を訪れ、技術指導にも当たった

さんざん働かされながら、食事の量は少ない。夜、おなかがすく。空腹から逃れるには、収容所に巡らされた金網越しに、中国人と物々交換をする手があった。軍隊から支給された衣服などを、食べ物に換えるのだ。

中国人がくれたのは落花生、文字通り「南京豆」だ。夜中に食べて水を飲むと、おなかが膨らんで眠れないほど苦しくなる。それでも翌日またおなかがすくので、仕方なく交換に行った。

行く前に同室の者同士で話し合う。どうしたら、限りある持ち物を、より多くの食料に換えられるか。そのうち、交渉の上手な者が、代表で取引するようになった。中国語と日本語を交ぜて交渉するのだが、その術が日に日にうまくなっていった。

帰還命令信じられず

中国・上海の捕虜収容所に冬が来て、一九四六（昭和二一）年の正月を迎えた。支給された毛布は南京豆に換えてしまったので、寒さがこたえた。

物々交換などに来る中国人とは、金網越しに話をした。中国の政治状況などについて教えられた。以前、農家で聞いた「毛沢東」と、その人物が率いる中国共産党のことも少しずつ分かってきた。

戦争中、日本軍は南京を中心とする一帯を、すべて支配下に入れている、と思っていた。ところが、実際に制圧したのは南京とその他いくつかの都市、主要道路という「点と線」だけ。南京国民政府は有名無実だ。

代わって、この辺りを実効支配したのは中国共産党だ。日本の敗戦で再燃した国民党と共産党との戦いでは、共産党軍が優勢らしい。

そうした様相が見えてくると「この国をもう少し知りたい。勉強したい」と思うようになった。

一月半ば、われわれに帰還命令が出た。しかしすぐには喜べなかった。日本に帰る、という話が信じられなかったのだ。どこかに移動させられ、また荷役に就かされる。あるいは、アメリカに連れていかれるのではないか。

一週間ほどすると、荷物を持って、上海市役所前の広場に集合させられた。全員、ＤＤＴ（シラミなどの殺虫剤）の粉を頭からかけられた。

そのまま、アメリカ軍のＬＳＤ、ドック型揚陸船とも呼ばれる大型の輸送船に乗せられた。日本軍の引き揚げ者、われわれを含め約五〇〇〇人が乗船した。

一緒に収容所にいた兵士は全員、乗った。私のいた隼飛行第四八戦隊は、配属当初の四五年一月には二〇〇〇～三〇〇〇人ぐらいいたのではないか。この船に乗ったのは九三人だった。

終戦後間もなく、国民政府（台湾）を率いる蒋介石と、日本の中国派遣軍、つまり満州（現・中国東北部）を除く中国大陸に派遣された陸軍の総司令官、岡村寧次が裏取引をしたと言われている。

「われわれは国民党軍を応援し、武器をすべて提供する。代わりに兵士は全員、日本に帰してもらう」。

このような「密約」があったので、捕虜となったわれわれは、終戦から半年と意外に早い時期に「全員帰還」できたという。

だが乗船してもまだ、私には「日本に帰れる」という実感が持てなかった。またどこか、ほかのところに連れていかれるのでは、という疑念は消えなかった。

上海を出て二～三時間たったころ、船の外に目をやると、トビウオが群れて飛んでいる。それを見ていたら、涙がぽろぽろと出てきた。なぜ出てくるのか、分からなかった。うれしさでも悲しさでもない。

帰れる喜びもあったが、戦争で死んだ仲間のことを思い出すとつらい。一年半を無駄にした、という悔いもこみ上げた。日本に帰ったとしても、明るい未来があるとは考えられない。

そうしたもろもろのことが、まだ一七歳の少年だった私には、耐えられなかったのかもしれない。

第三章

もっと勉強したい

自宅跡は焼け野原に

中国・上海から乗った船は、日本の佐世保港に着いた。ここでわれわれ隼飛行第四八戦隊は解散となった。

軍隊にいたのは一年半ほど。だが、二〇一三（平成二五）年に八五歳を迎えた私の人生の中では、一〇年間ぐらいに値する。

極寒の地に赴き、上官の理不尽なしごきを受け、空からの銃撃に遭った。そのとき、私は一五～一六歳だ。今の一六歳を見ると、あれだけの体験に耐えられるとは、とても考えられない。

佐世保で解散する際、軍から東京までの鉄道の切符と、わずかな小遣いを受け取った。

東京に向かう電車は、あちこちの都市が空襲に遭った関係で、途切れ途切れだった。普通電車を乗り継いで、東京駅へ。さらに山手線と池上線を乗り継いで、わが家を目指した。

ようやく品川区東中延に着くと、家のあった辺りは一面焼け野原だった。自宅跡には何もない。移転先を記した看板などもない。

両親はきっと二人の故郷にいる。そう信じて福島へ向かった。案の定、植田（現・いわき市）で両親と弟妹が小さな家を借りて住んでいると分かった。

軍服を着て、脚にゲートルを巻いた姿で、母と一年半ぶりに再会した。母は突然帰った私を見て驚き、「かつ坊」と叫んだ。目から涙があふれていた。

徴兵された二人の兄は、私と同様、中国大陸に派遣された。次兄は戦争末期、四国の高知に転属となり、敵の本土上陸を迎え撃つ準備をしていた。国内で終戦を迎えたので、兄弟三人のうち、一番早い九月ごろに帰宅した。

長兄は私より一年ほど遅れて帰還した。内陸部の江西省九江の辺りで終戦。歩兵隊なので、そこから日本へ帰るために、上海まで歩いたのだ。

父の経営する蒲田煉炭の工場は、空襲で半分が焼失した。戦争直後の物資が乏しいとき、失った設備をすぐ復旧させるのは難しい。

まずは東京煉炭工業会（日本煉炭工業会の東京支部のような組織）を復活させ、幹事長に就いた。次兄は会社が再開するまでその事務所で働いていた。

母は帰宅して間もない私に尋ねた。「これからどうするの」。即座に「もう一度、学校へ行きたい」と答えた。

当時のわが家はまだ、食べるだけで精いっぱい、という状況だ。父は黙っていたが、母はすぐ、私が上京するための支度をしてくれた。まずは元の攻玉社中学に行き、学校へ戻れるかどうか、確かめてくることになった。

東京・品川区西五反田にある攻玉社中学は、木造校舎が空襲で焼失したものの、鉄筋コンクリート造りの校舎がかろうじて残った。そこを修理して使っていた。

教頭は、軍隊に入る前からいた方だった。四月から四年生として復学できるよう、取り計らってくれた。

教頭に「よく戻ってきたな」と言われた。恐らく私と同じ学年で志願兵となった人は、二〇人前後いたはずだ。だが戦後すぐ、復学したのは私だけだったと思う。復学どころか、戦死して復員しなかった人も、少なくなかったのだろう。

帰還後、復学した攻玉社中学（旧制）の仲間と。左から２人目が私。着ているのは軍人用コート

一家で上京し再出発

復学の手続きを済ませた後、しばらくは福島で暮らした。

間もなく、私は激しい高熱に襲われた。マラリアだった。蚊を通して感染する病気で、戦争中、特に東南アジアや中国南部に派遣された兵士の多くがかかった。

キニーネという特効薬があるが、戦時中は不足していた。治療を受けられず、繰り返す発熱などに苦しむ人を大勢見てきた。

私もあの人たちと同様、病気との闘いが続くのか、と諦めていた。ところが、母がどこからかキニーネを見つけてきた。おかげでこの病気は克服した。

三月ごろ、私たち一家は福島を引き払い、東京に戻った。

わが家が建っていた東中延の土地には、見知らぬ人が事業所を建てていた。空襲で焼け野原になっても、土地の所有権が変わるはずはない。

ところが、持ち主が疎開しているすきに、勝手に家を建てたりするケースは、当時よくあった。

土地を返すよう求めたが、動きたくない、という。交渉の末、その人が別に所有する土地と交換することで決着した。

私たちは大田区南雪谷、現在の東急池上線・雪が谷大塚駅近くの家に住んだ。貸していた家を返してもらったのだ。

父は練炭事業を再開させた。

練炭の製造・販売の会社は戦前、一五〇〇ぐらいあった。それが戦後は二〇〇社ほどに減っていた。主な原因は、戦争中に国家総動員法の下で進められた企業の整理・統合だ。戦争で物資不足が深刻化する中、企業活動を国が統制しやすくするため、業界ごとにこのような措置が取られた。

練炭事業者は、小規模事業者が多かった。そういう会社はみな「お国のため」に合併か廃業かを迫られた。父は、蒲田にあったアサヒ煉炭との合併の道を選んだ。アサヒ煉炭の経営者は運営から退いた。

前に書いた通り、一九四二（昭和一七）年に蒲田煉炭有限会社を設立したのは、実はこういう経緯があったのだ。やがて原料の石炭が配給となり、事業を縮小、さらに工場も被災した。結果的に、戦時下の合併で一回り大きくなったことが、戦後の再出発の原動力となった。

一家が雪谷へ移った当初は、まだ戦後の混乱が続いていた。食料不足は深刻だった。母はまだ一〇代の私や、育ち盛りの弟妹に食べさせるため、近くの多摩川べりで草を採ってきた。それを小麦粉に混ぜて、すいとんを作ってくれた。

こうした状況でも、人々は本当によく働いていた。四六〜四八年ごろは、土曜も日曜もない。毎日フルタイム勤務が当たり前だった。銀行でさえ、休みは第一と第三日曜と正月三が日だけ、という時代だった。

職に就けない人も多かったが、仕事のある人はとにかく働いた。理屈などない。懸命にやっていれば、いつか何かつかめるのではないか。そう信じて、誰もが頑張っていた気がする。

中国の実情知りたい

戦後すぐ、父が復活させた東京の煉炭工業会には、五〇社ぐらいが加盟していた。

このうち横綱は、現在もあるミツウロコ、品川燃料（現・シナネン）で、わが蒲田煉炭は十両ぐらいだった。

会社の実力はその程度だったが、父はこの会で幹事長の要職に就いた。戦前、区議会議員などを務め、人をまとめたりする能力にたけていたからだろう。

しかし、戦前、あれほど力を入れていた町内会長や区議会議員といった公職からは退いた。若い人に「戦地で命を投げ出すように」という演説を繰り返したことへの、痛切な反省があったらしい。

心境の変化で、夫婦の形も変わった。暴力を振るって威張っていたのが、母に協力するようになった。家庭的になり、二人で一緒に家の井戸を修理した。

「普通の親父《おやじ》」になった父が、私には不満だった。あんなに強く戦争をたたえながら、負けたら反省しておとなしくなった。「そんなの男じゃねえよ。格好悪いな」。暴力的なところは嫌だったが、柔らかくなってよかった、とも思えなかった。

私は中学生に戻った。だが、普通の中学生ではない。

二学年下に編入したので、同級生より大人びていて当然だが、軍隊を経験したから内面はそれ以上に老けていた。軍服を着て、軍隊で覚えたたばこを吸っていた。同級生はみな、怖がって寄り付かない。先生も何も言わなかった。

旧制中学校は五年制だったが、戦争中、四年制に改められていた。私は四年生だから、一年後は卒業である。

学校に戻った一番の目的は、中国についてもっと勉強したい、という思いからだった。初めから、中学を出たら大学に進むつもりだった。

中国の農家や、捕虜収容所で会った物売りに聞いただけでは、中国の政治のことはまだよく分からない。詳しく知りたくて、神田の古本屋街へ出かけた。

古書店の集まる神保町《じんぼうちょう》と並ぶ神田《かんだ》一ツ橋《ひとつばし》に、内山書店があった。中国関係の専門書籍類がそろっていて、この店にもよく通った。店はその後、神保町に移転し、今も続いている。

こうした店で、中国の政治制度や社会状況について書かれた本を集め、勉強した。魯迅《ろじん》らの書いた小説も参考になった。

いろいろ読みあさるうち、慶応義塾大学の法学部は、この分野の研究では突出している、と分かった。後に恩師となる及川恒忠先生のことも知った。

最近、慶応の法学部と言うと、慶応大学の中で最も人気の高い学部らしいが、当時はそれほどでもなかった。私の学力から見て、何とか入れそうだった。

戦前の慶応大学には、旧制高校と同等の「予科」という課程があった。中学を卒業すれば、高校を経由しないで、大学の予科に入ることができた。私は、戦後の学制改革直前に旧制中学を卒業し、大学進学も戦前の制度にそっていた。

一九四七（昭和二二）年、慶応大学法学部の入学試験に合格して、四月から大学生になった。

戦争の影響引きずる

父は終戦直後、まだ福島にいるとき、地元有力者と共同出資して、赤津石材という会社を立ち上げた。

ところが、だまされて、その会社を取られてしまった。

上京し練炭事業を立て直す段になると、いろいろお金がかかる。赤津石材に出資したお金を何とか取り戻せないか、と考えた。

私が大学に入る前後のころだったと思う。父から相談され、私が福島へ出かけて、取り返してくることになった。

一緒に、攻玉社中学のある友人に助っ人として同行してもらった。

彼はアウトローで、後に右翼の活動家となって、在日ソ連大使館に汚物をまく、という大それた事件も起こしている。

どうしようか、と尋ねると「脅かせばいい」。コートの裏に細長い銃を忍ばせていた。彼の脅しが効いて、出資金を取り戻すことができた。うち三割ぐらいだったか、成功報酬として私たち二人が受け取った。

まだ終戦直後の混乱期だ。その後どうこう、ということもなかった。

この友人ほどではなかったが、私もかなり「怖いもの知らず」のところがあった。「戦争帰り」という言葉がはやったが、私もその一人だった。

命のぎりぎりのところを体験した人は、多かれ少なかれ、そういう部分があった。だから、同級生から怖がられることもあった。一方、父のように私に一目置いて、頼ってこられる場合もあった。

「戦争帰り」の複雑な内面を引きずりながら、慶応大学の学生になった。

横浜・港北区の日吉キャンパスは終戦直後、アメリカ進駐軍が接収して、しばらく使えなかった。私はほとんど東京・港区の三田キャンパスに通った。

大学では勉強もしたが、遊びにも打ち込んだ。

遊びの中心は麻雀《マージャン》だ。三田には雀荘《じゃんそう》の集まる通りがあった。夏休みも麻雀をやるために出かけた。母から「夏休みなのに何で毎日、大学に行くの」といぶかしがられた。

スポーツを見る楽しみもあった。慶応が出場する野球とラグビーの試合はよく見に行った。

授業では英《はなぶさ》修道先生のことが印象的だ。

慶応義塾大学の三田キャンパスで仲間と。後方左から２人目、立てひざをついているのが私

東洋外交史と時事問題の先生だが、あるとき、学生に向かって「君たち、慶応の学生は紳士でなければいけない。きょうは紳士のマナーを教える」と言う。会費を集め、二〇人ほどの学生を、銀座の有名なレストラン「三笠会館」へ連れていった。

そこでフルコースのフランス料理を食べた。それまで私は、高級レストランには全く縁がなかった。テーブルにはナイフとフォークが何本も並んでいて、驚いた。英先生はそれらの使い方を一つ一つ、丁寧に教えてくれた。

銀座のレストランと言えば、学生同士でときどき、豚カツ専門の「梅林」に行ったのも、懐かしい思い出だ。

一度この店で食べたら、おいしくてたまらない。値段が高いので、頻繁には行かれない。お金をためては三カ月に一度ぐらいの割で食べに行った。

結核で半年自宅療養

大学三年生のとき、風邪の症状と微熱が続き、元気が出ない。旗の台（東京・品川区）の昭和医専（現・昭和大学医学部）で診てもらうと「肺浸潤《はいしんじゅん》」という。結核の初期の状態だ。

あのころ、結核は死亡率が最も高い病気として恐れられていた。栄養状態が悪いと、かかりやすい。戦中戦後の食糧事情の悪い時期には患者が激増した。

私の場合、一五～一六歳という成長期に軍隊へ入り、十分な栄養もとらずに、過酷な労働などで体をこき使った。その付けが、このころ回ってきたのだろう。

当時、手術による治療方法もあった。「気胸《ききょう》」といって、患部に空気を入れる方法が知られていた。他にも、患部に詰め物をするなどいくつかある。これらは治癒力を高めるものので、受ければすぐ完治する、というわけではない。手術を受けたが結果的に失敗だった、という例をいくつも聞いた。

手術は受けたくない。即効性のある薬もない。栄養のあるものをとって静養する「自宅療養」を続けた。母以外、家族はあまり近寄らなかった。

運のよいことに、療養して三カ月ほどすると、よい薬が出てきた。一つは、結核の特効薬として有名なストレプトマイシンで、注射の薬だ。飲み薬の新薬もアメリカから入ってきた。これらが効いて、六カ月ほどで大学に戻れた。

療養中は母にずいぶん世話になった。病気の時に限らず、何か困ったことがあると、やはり母が頼りになった。

大学の仲間との麻雀が高じて、毎週土曜の夜はわが家に集まり、徹夜で麻雀をするようになった。

夜が明けてゲームを終え、点数の計算を始めたころ、一人が小便をしたくなった。便所

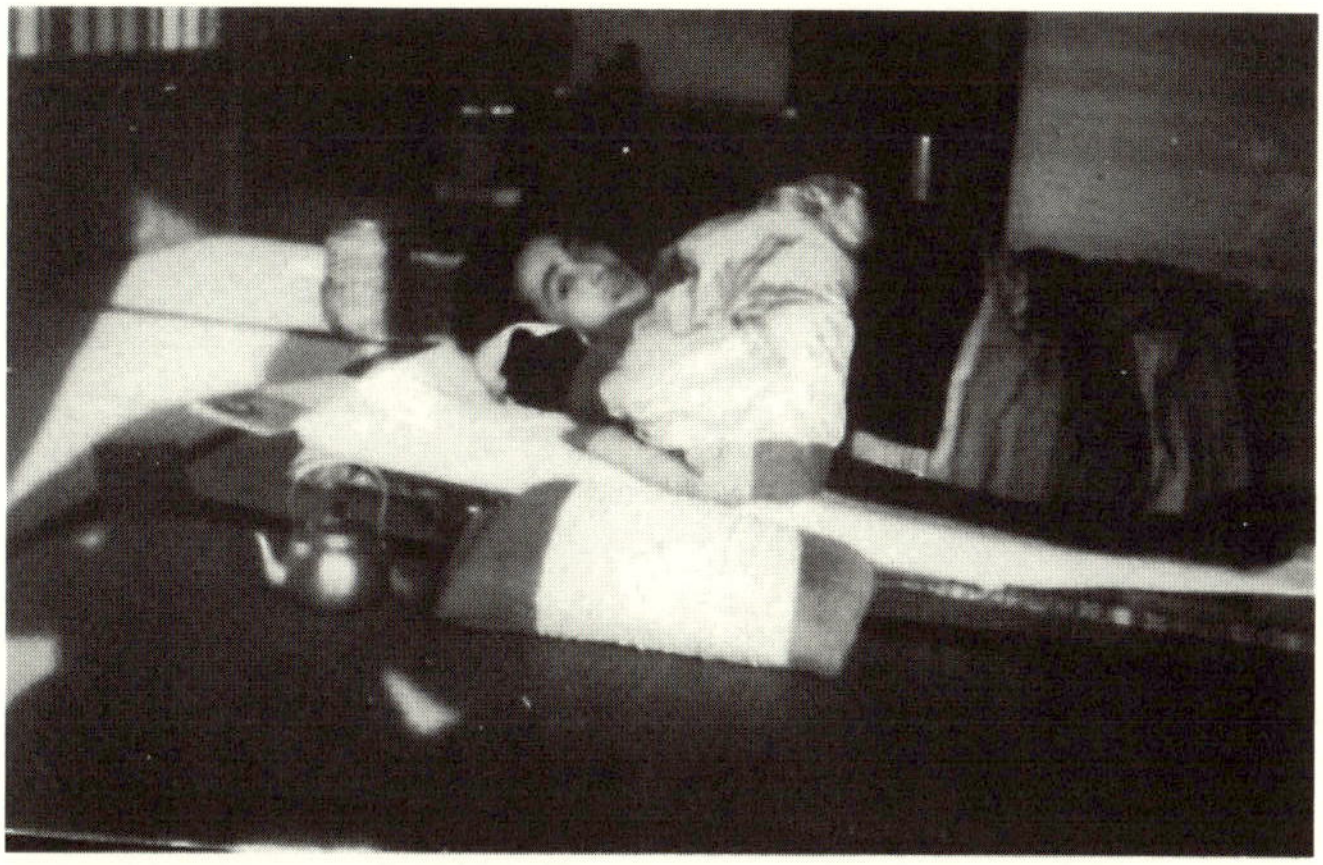
結核で自宅療養していた部屋で

まで行くのは面倒だから庭へ向かって……と障子を開けた。すると目の前に警官が立っていた。

深夜、大声で話しながらガチャガチャやる。お金をかけている。と言っても千円ぐらいのわずかな額だ。それを、格好付けて「五万円」「一〇万円」などと実際より大きな桁《けた》にして言い合う。

そんなことから、恐らく近所の人に「あの家で、高額のかけ麻雀をやっている」と通報されたのではないか。警察は証拠を押さえるため、終わって金銭のやり取りを確認するまで、張り込んで待っていたのだ。

全員、賭博《とばく》罪の容疑で警察署に連行され、調書を取られた。

この時、母が迎えに来てくれた。父には「ふざけんな。勝手にやったんだから、迎えに行くんじゃない」と止められたという。

母は、大学に知られて退学になるのを心配した。警察署で「大学にはご内聞にお願いします」と必死に頭を下げた。結局、不起訴で、大学でも問題にならなかった。

その日の午後三時ごろ、警察署から帰された。家では父がひどく怒っているのは分かっていた。夜、こっそり帰った方がいい。家の近くの洗足池で貸しボートに乗り、日が暮れるのをひたすら待った。

中国共産党史を専攻

慶応大学の法学部は法律と政治の二学科に分かれ、当時は政治学科の中に東洋史、中国政治史という専門分野があった。ここで学ぼうと思って、この大学に入ったのだ。

学部時代は、結核で半年休んだり、麻雀などの遊びをして、勉強が中途半端だった。学部を卒業後、大学院に進んだ。

当時の慶応の教授陣は思想的に自由、という印象だった。共産主義支持派から反共産主義派まで、さまざまな考え方があった。

卒論指導を受けた及川恒忠《おいかわつねただ》教授は、前法学部長で、中国の政治と経済がご専門だった。中国共産党の理論にも詳しかったが、思想的には一線を画していた。同じ研究室に、後に塾長になった石川忠雄さんが助手として勤めていた。

及川先生は中国の貨幣・紙幣についても豊かな知識を持っておられた。

先生の研究室で資料整理のお手伝いをしていたら、清朝時代などの貨幣やお札のコレクションを見つけた。眺めていたら先生が「興味があるなら、持っていっていいですよ。私はもう必要がないですから」と言われた。

今では中国古幣として、高額で取引されているものだが、当時は高値で売れる、などと考えもしない。「こんなものをもらっても」と思った。

手を着けないでいたら、いつの間にかなくなっていた。後になって大学の図書館にあることが分かった。先生が寄贈されたのだろう。

私の研究テーマは中国共産党だ。一九世紀後半の清朝末期から一九四九年、中華人民共和国樹立までの、政治体制の流れ、政治思想の変遷などを追った。

このころの中国には、さまざまな考え方が存在した。日本では政治体制と言えば天皇制しか考えられなかった時代だ。

清朝の皇帝がまだ続いているときに、孫文《そんぶん》が三民主義を打ち出す。その考えに基づく国民党政府の下で、今度は毛沢東の共産主義が、農村を中心に面的に広まる。こうした多様性が興味深かった。

前にも書いた通り、中国での体験がこの分野を勉強しようと思った理由だ。負けてボコボコにされたが、反省もある。われわれが中国でやったことは何だったのか。それを確かめることが、これからの両国のあり方を考える上でも大切ではないか、と考えたのだ。

大学を離れた後も、中国には関心を持ち続けている。今の中国を見ると、政治体制は共産主義だが、経済面では、日本よりはるかに資本主義だと感ずる。

最近、母親が中国共産党幹部という若い女性に会った。日本に留学して一流大学を二つも回り、日本人と結婚した。日本に就職すれば、どこの会社でも厚遇されることは間違いない。

ところが中国に帰るという。理由は「日本ではお金もうけができないから」。れっきとした共産党員に育てられた人が、利潤追求を口にしたことに驚いた。

学友にゴルフ教わる

趣味はゴルフだ。長く人生を共にしてきた友人のようなものでもある。おかげで、ハンディがシングルになった。現在は、ワンラウンド一八ホールを回ることを、一番の楽しみにしている。

ゴルフを始めたのは大学院生のころ、きっかけは友人の牛尾吉朗さんに勧められたからだ。ウシオ電機会長で、元経済同友会代表幹事の牛尾治朗さんの兄だ。慶応の学部・大学院を通じて一緒だった。

二人の実家は神戸にあり、別邸が東京・港区南麻布の有栖川《ありすがわ》公園の近くにあった。父の健治さんは銀行頭取で、電力事業も手掛け、経済同友会幹事も務めた人だ。

神戸のお宅へ遊びに行くと、広大な敷地の大豪邸だった。「関西の名家は東京とけたが違うな」と驚嘆した。

吉朗さんは私に、アメリカのゴルフ雑誌を見せてくれた。広く美しい芝生で、センスのいいウエアを着た人々が興じている。「アメリカのエリートがやっているスポーツ」という雰囲気が伝わってきた。

日本ではまだ、限られた人たちのスポーツだった。やってみると面白い。

そのころ、私は蒲田煉炭でアルバイトをしていた。大学四年生のとき車の免許を取ったので、父の運転手の仕事が多かった。大型二種免許も取り、トラックで練炭の配達もしていた。

アルバイトをしているから、大学院時代でも、ゴルフをする小遣いはあった。仕事の息抜きやストレス解消にもなった。

多摩川の河川敷に、戦前からゴルフ場があった。戦争中は芝生などが荒れていたが、私がゴルフを始めて三〜四年たつと、再整備されて復活した。京急六郷土手《ろくごうどて》駅近くで交通に便利で、プレーもしやすいのでよく利用した。

ゴルフ人口は、一九六〇（昭和三五）年ごろから目立って増えたが、このゴルフ場の再オープン当初は、まだすいていた。ゲームを終えた後、そのままグリーンに残って練習もできた。

例えば、一五〇ヤードの距離を打つ練習をしようと思えば、グリーン上で、ホールからそれぐらい離れた場所につく。そこから、ホールを目指して繰り返し打つことができた。

大学時代につるんでいた４人。左から私、牛尾吉朗さん、山脇譲さん、山下則夫さん。車は牛尾家所有の英国製高級車ベントレー

このときも、キャディーが付いてくれた。

品川駅の西側にあったゴルフ練習場にも通った。ここは後に新高輪プリンスホテル（現・グランドプリンスホテル）が建った。

大学時代は牛尾吉朗さんと私と、あと二人加えた四人でつるむことが多かった。その二人とは山脇譲さんと山下則夫さんだ。

山脇さんは、山脇学園の創設者の孫だ。卒業後、学園の経営に参加し、後に理事長まで務めた。

山下さんは大学時代、ラグビー同好会を結成し、活躍していた。卒業後は光学機器のリコーに入った。今では強豪として有名な同社ラグビー部の創設に関わった。

慶応の友達には麻雀仲間も多いが、この四

人は、教室で親しくなった「勉強仲間」。卒業後も付き合いが続いた。

銀行取引を任される

大学院に通いながら、アルバイトで父の運転手をするうち、会社のこともいろいろ見えてきた。

練炭業界は、戦後間もないころと比べると、かなり活気づいていた。政府は、国民のエネルギーとして重要な練炭の安定供給策を進めた。

主原料には、山口県の宇部で出る山陽炭が使われていたが、それを補うため、ベトナムのホンゲイ炭と、韓国の粘炭を大量に輸入した。

ホンゲイ炭は火力が強いが、練炭にすると「たな落ち」と言って、燃えている途中で崩れ、燃え残りが出る。それを防ぐため、ゆっくり燃える粘炭を加えるのだ。

事業が持ち直してくると、戦争に負けて少し気弱になっていた父も、以前の意欲を取り戻した。東京・葛飾区金町にある日東燃料工業（現・日東エネルギー）を買収する話を進めた。わが蒲田煉炭と同じ練炭の製造・販売の会社だ。

大田区にあった蒲田煉炭の工場。1960 年代半ばごろ

この会社は資本金一千万円だった。うちが一千万円出して資本金を二千万円とし、五〇％資本参加、という形にした。

蒲田煉炭の資本金は一九四二（昭和一七）年の設立時のまま一五万円だった。資本金一五万円の会社が、一千万円の会社を買収することは可能だ。

同様の買収はその後も繰り返した。対外的に不便を感じたこともあったが、結局、一九八九（平成一）年まで「資本金一五万円」を続けた。

日東燃料工業に対しては五九年、森田久作社長の保有株を買い取り、一〇〇％出資の系列会社とした。資本参加した段階で、父が社長、次兄の彌智雄が専務として入社。六八年、父が亡くなり、翌年、蒲田煉炭から独立して、次兄が社長に就いた。

五二年の資本参加の交渉の場には私も立ち会った。父はこういうことが得意な方ではないので、状況を見ながらアドバイスした。

こんなことで会社の経営に関わったのが始まりで、父に頼られるようになった。運転手だから、父の行く先にどこでも付いていく。銀行に行けば、銀行との付き合い方、資金繰りのことなどが自然と分かってくる。取引先に行けば、仕事のやり方を教えられる。

そのうち、父から「銀行との取引は全部おまえに任せる」と言われた。

このとき、会社では長兄の彌喜雄が父の後継者の位置にいた。だが、父と長兄の関係があまりよくない。

長兄は、学歴は商業高校卒業だが、かなりの理論派だ。物事を理論的に考え、大勢には流されない。それが徹底しているので、悪く言えば、あまのじゃくと感じられるところがあった。私もそれで対応に困ることが多かった。

父は、理詰めで話すのが苦手だ。長兄が、理屈を付けて反対してくると、応酬するすべがない。それで困って、長兄より私を頼るようになったのだ。

だが私はまだ、大学院生だ。院を修了したら大学の助手になれないか、と考えていた。蒲田煉炭という会社に就職することにも、抵抗があった。

第四章

仕方なく父の会社へ

研究者の道を諦める

大学院を出たら、どうするか。その答えはなかなか出なかった。

蒲田煉炭に入るのは嫌だった。練炭は当時、エネルギー源として安定した需要があった。その製造・販売はとても堅い商売だ。それが私には気に入らなかった。現状に甘んじる仕事が好きではないのだ。

やはり中国共産党の研究を続けたい。恩師の及川先生の助手として大学に残るか、同じような分野で研究者を募集する大学に行くか。何らかの形で研究しながら給料をもらうことを考えた。

だが、研究者になる自信が持てない。及川先生に「もう一年、残って勉強したらどうですか」と勧められた。大学院の修士課程は二年だが、わざと修士論文を出さないで、三年生になった。先生の資料整理などのお手伝いもした。

しかし、一年留年したからといって、展望が大きく開くわけではなかった。

一つの問題は語学だ。私は中国語が苦手なので、研究の資料は日本語か、日本語に訳されたものに限られた。英語も得意ではない。この弱点を克服しないと、この分野で研究職に就くのは難しそうだ。

そこで発想を転換した。女子短大ならば、私のレベルでも入り込む余地があるのではないか。研究テーマも、短大生に合うものにすればいい。

共産党史のほかにも、関心を持っているテーマがあった。「中国の政治家と女」というものだ。孫文も蒋介石も毛沢東も、妻のほかに深い関係の女性がいて、そのことが政治活動にも影響を及ぼした。こうしたエピソードをつなげば、新たな視点で中国の近代政治の流れが描ける。

こういうことを講義しながら、研究活動を続けられないか、と考えた。

運の良いことに、友人の山脇譲さんが関係する山脇学園で、近く短期大学を開設するという。彼に頼めば短大に潜り込めるだろう、と見込んだりもした。

大学院での研究も、まだ少し続けたい。もう一年、大学にいよう、などとのんきに構えていると、父がしびれを切らした。

「いつまで大学でぐずぐずしているんだ。来年からは学費は出さない。まだ勉強したいなら、自分で学費を払え」

学費の打ち切りを通告されて、私は観念した。

大学院修了者の就職難という現実も無視できなかった。就職活動をしていないので、その年に、どこかの大学に就職するのは無理だ。次の年に期待して、苦労して自分で学費を出して大学院に残ったとしても、必ずよい働き口が見つかる保証はない。

こうして研究者の道を諦め、一九五五（昭和三〇）年、蒲田煉炭に入った。「仕方なく」という部分もあったが、前向きな気持ちもあった。既にこの会社のことはよく知っている。努力すれば、現状維持のままではなく、自分の手で何か切り開けるはず、という思いも秘めていた。

営業や経理、配送も

蒲田煉炭の社員となり、経理と営業、それに配送も担当した。

工場の設備や工程といった製造関係は長兄が掌握していた。

練炭の製造は、工場で原料を混ぜ、固め、成形する。次に倉庫に並べて天日干しする。

乾燥前の練炭を工場から倉庫に移す作業は、私もやった。

練炭が一二個並んだ板を肩に載せて運ぶ。製品になった練炭の重さは一個一キログラム強だが、乾燥前はその倍以上ある。倉庫は壁のない二階屋で、二階へ運ぶときには肩に担いだまま、急な階段をとっとっとっと上がっていく。担ぐ力だけでなく、バランス感覚なども必要な仕事だ。

乾燥したら一四個ずつ梱包《こんぽう》する。中心に一個、それを囲むように六個並べたものを二段積み重ねる。それらを覆うように紙をかけて縄で結わき、ひっくり返す。「ひと袋」の出来上がりだ。

大学院を出て入社したてのころ。前掛けにぼろぼろのセーターで配達に回っていた

包む紙には「富士煉炭」と記してあった。イメージ効果を考えて付けた、蒲田煉炭独自の商品名だ。

子どものお使いなどで、一個ずつ買いに来ることがあった。その時は新聞紙にくるんで渡した。

練炭の袋詰め作業は、従業員に、帰りがけに時間外の歩合の仕事としてやってもらった。工賃は一袋一円。一人一日一〇〇～二〇〇袋、時間にして一～二時間ぐらいだった。

当時の練炭の価格は一袋二五〇円前後だった。それは練炭製造・販売の最大手品川燃料、ミツウロコなどの名の通った会社の商品、言い換えればブランド力の高い場合だ。「富士煉炭」は大手と原料もサイズも製造工程も同じなのに、それより二〇～三〇円、安く売った。消費者は名の通った会社の商品を選ぶ。同じ価格では勝負できなかった。

この差がある限り、どんなに努力しても大手に追い付けない。このことは、父の会社を継ぎたくなかった理由の一つでもあった。

だが、勤めたからには一生懸命働こうと思った。ふだんはトラックを運転して配達に出た。

朝早く、荷台に積み込める限り、二三〇袋前後の練炭を載せて出かけた。得意先の販売店に着くと、店の倉庫まで運び入れる。

新しい顧客の開拓もした。蒲田周辺だけでなく、多摩川も渡った。横須賀の米軍基地近くの販売店にも配達した。

遠いと、途中でタイヤがパンクすることがよくある。配達に行く途中で、まだたくさん積んでいるときに起きると、特に大変だった。

会社ではふだん前掛けをする。練炭の袋などを担ぐとき、それをめくって肩に掛け、肩当てのように使うことが多い。配達を終えて帰ってくると、石炭の粉で体中、真っ黒になった。

配達だけではない。材料の石灰（凝固材として使う）が蒲田駅に届いたと聞けば、それを引き取りに行くこともあった。

こうして現場で率先して働くことは、社員の信頼を得て「一緒に頑張ろう」という機運をつくることにもつながった。

「信者」つくり収益増

今から一〇年ぐらい前、私は「玉三郎」と名付けた柴犬《しばいぬ》を飼っていた。

ある日曜、犬の散歩をしていたら、宅配便の車が近付いてきた。運転手が降りてきて「赤津さんですね」という。なぜ、私の名前を知っているのだろう。

「何かあったのですか」と尋ねた。

「その犬は玉三郎ですね。玉三郎を連れているから、赤津さんのご主人だと思ったのです。今、お宅に荷物をお届けに行ったらお留守なので、帰ろうとしていたところです。今からお届けに伺ってもいいですか」

驚いた。この運転手は、赤津という家に犬がいることと、その名前まで覚えている。それが仕事に結び付いた。引き返す途中で家の人を見つけたため、荷物を持ち帰りまた配達に戻ってくる、という無駄を省くことができたのだ。

宅配便のヤマト運輸は最近、中国に進出したそうだ。そこまで飛躍した秘密は、こんなところに潜んでいるのでは、とも思う。

この話を社員研修で使っている。

ＬＰガスの配達員は一人七〇〇～八〇〇軒を担当している。「そのうちの上得意一〇軒でいいから、家族構成が書けますか」と尋ねると、誰も書けない。

家族構成をつかむことで、何かの折に「お宅のお坊ちゃんは」といった話ができるかもしれない。

家族のことをよく言われれば、お客さんも悪い気はしない。そこから信頼を高めたり、売り上げアップにつながる場合もある。顧客の情報を大切にすることは、いつか必ず役立つものだ。

玉三郎の話から、こんなことを社員に伝えるようにしている。

顧客の状況をつかみながら、関係を密にして、商売に生かす。私が練炭の営業をしていた時代から大切にしていたことだ。

練炭や石油、ＬＰガスを扱う商店では、お金の実権は主人ではなく、奥さんが握っているものだ。その人とのコミュニケーションを大切にした。

店の主人は、中学を出てすぐ働いた人が多い。私には、奥さんがご主人から得られないような知識がある。それを生かして、奥さんに喜ばれるような話をすることで、ファンになってもらうようにした。こういうとき、一人一人の事情をよくつかんでいくことが大切だった。

ファンをつくることが商売では大事だ。練炭やＬＰガスの場合なら、販売店がわれわれ卸す側のファンになる。つまり、信じて付いてきてもらうのだ。

そういう関係ができれば、取引価格も問題なくなるのだ。ギリギリまで価格を引き下げて、結局自分の首を絞めてしまう、といったリスクもなくなる。

「儲《もう》ける」を分解すると「信者」になる。この示唆を頭に入れ、信者《ファン》をつくるよう心がけながら頑張った。

　こうした私の営業努力の結果、入社して五年ほどの間に、会社の収益は三倍ぐらいになった。

結婚に家族が猛反対

　一九六一（昭和三六）年に結婚した。私は三三歳、妻の美奈子は一二歳下の二一歳だった。翌年、長男の慎太郎が生まれた。「できちゃった婚」だった。

　その後、六五年に長女の菜穂子を、七一年に次男、裕次郎を授かった。

　慎太郎の名前は石原慎太郎さんから採った。このころ、政治家を志す若手作家として紹介され、少しお付き合いがあった。その流れで、次男が生まれると、慎太郎さんの弟の名前をもらうことにした。

　私は二〇代のころ、結婚を真剣に考えてはいなかった。

　女性とのお付き合いはあった。縁談も、家族や取引先などから持ち込まれ、何度かお見合いもした。結局「まだ独身でいたい」という気持ちから、どれも断った。

美奈子は、専門学校でファッションの勉強をしていた。あか抜けていて、見たところ、映画女優のようだった。それまでに付き合った女性にはない魅力を感じた。

芸術的センスにも優れている。現在、サンドブラストという、ガラスの表面に砂などを吹き付ける技法を駆使したり、ステンドグラスの作家として活躍している。

私の結婚には当初、両親も兄たちも猛反対した。私が、年上の、誰とも分からない女にだまされて結婚する、という悪質なうわさが立ち、みんなが信じたからだ。

私の方が一二歳上で、普通に考えれば「だました」と見られる立場だ。ところがうわさが親戚にまで知れ渡った。いつもは味方になってくれる母も信じ込み「一二がかわいそうだ」と反対に回った。

子どもができたことも、みんなによく思われなかった一因だ。

あのころの「性」に対する人々の意識は、今とは違う。結婚前の男女が深い関係になるのは、作家などの一部の世界にはあっても、普通のことではなかった。

五七年の売春防止法施行のころまでは事実上、公娼《こうしょう》制度があった。性欲はそういうところで処理し、結婚は見合いなどの手順を踏むもの、という考え方が通っていた。

反対の勢いがあまりに激しいので、打ち消しをしたり言い訳するのが面倒くさくなり、私はそのまま家を出た。

美奈子の実家が東京・大田区池上にあり、そこで新婚生活を始めた。他に妻の母しかいないので、気楽だった。

やがて慎太郎が生まれ、引っ越すことにした。品川区西大井に父から贈られた七五坪（約二五〇平方メートル）ほどの土地を持っていた。お金がないので、そこにバラックのような家を建てて住んだ。

美奈子と結婚して２年ほどたったころ、旅行先の香港で

次に菜穂子が生まれると、ちゃんとした家に建て直した。この家は平屋だった。裕次郎が生まれたとき、二階を増築。同じころ、隣の家が越したので、その土地を買った。

今から二五年ほど前、それまでの家を壊し、買い足した部分も含めた土地に、新しい家を建てた。そこに今も住んでいる。

都市化で練炭は限界

一九五〇（昭和二五）年から六〇年までの一〇年間、家庭のエネルギーは「練炭の全盛期」だった。戦後の復興から経済成長の階段を上り始めたころで、エネルギー需要も伸びていく。石油やガスは輸入依存度が高く、価格も高いので、普及にはまだ時間がかかった。私は五〇年代の終わりごろ、まだ練炭がよく売れていた時代に、既に練炭に将来はない、と感じていた。

練炭は燃えた後、灰が残る。その灰を、かつては家の周りの道ばたに捨てていた。日本の道路のほとんどは、むき出しの土のままの、舗装されていない道だった。灰を捨てても問題なかった。

ところが東京オリンピック開催が決まると、都内や周辺の都市化に拍車がかかる。それにより、道路の舗装化も急速に進んだ。灰を捨てる場所がどんどん減っていった。

捨てる場所がなくなれば、製造業者が灰の回収までしなければならないだろう。だが五〇年代の日本には、ごみの処分のために消費者がお金を出す、という考え方はない。一個当たり二〇円足らずの練炭で、灰の回収費用を業者が負担したら、もうけはなくなってしまう。

もともと燃焼カロリーが低い割に出る灰分が多い。体積にすると、もとの体積の約三割が灰になる。

捨てるものが多い商品は、長く続かないだろう――。

後年、ペットボトル入りの飲料水を見たとき、感じたことだ。それがボトル入りウオーター「アクアクララ」事業参入のきっかけとなった、と前に書いた。練炭の時に「捨てるものの多い商品」がたどる運命を目撃した経験は、ペットボトル水の将来に疑問を抱かせたのだ。

練炭の問題は燃えカスだけではない。練炭工場の敷地内に、原料の粉炭を積み上げた貯炭場があった。隣との間に塀はあるが、強い風が吹けば、隣近所にも飛んでいく。

そのたびに謝りにいく。貯炭場にはホースで水をかけて、粉が飛ばないよう落ち着かせていた。だが、工場の周囲も都市化が進み、住宅が密集していく。今の工場では操業しにくくなるのは目に見えていた。

そこで練炭の次を考えた。

石油は練炭よりエネルギー効率がよい。次は石油だろう、と六〇年ごろから灯油の卸売りを始めた。五〇年代後半から、石油コンロ、続いて石油ストーブが普及し、灯油の需要が伸びていた。

大手の石油元売り会社から灯油を購入し、練炭を扱うような燃料販売店、あるいは薪炭《しんたん》店などと呼ばれた店に卸す。運搬用のタンクローリー車を買い、自社の工場の敷地内に灯油タンクを設置した。

こうした初期費用は、手持ちの資金から出した。このときの私には「銀行からお金を借りて、大きく打って出よう」といった経営センスもなかった。チャレンジをしなかったから、父や兄たちは特に反対しなかった。

石油は調理に不向き

灯油の卸売りを始めた一九六〇（昭和三五）年ごろ、灯油が使われたのは、石油コンロと石油ストーブだった。

シャープと連携し、同社製の石油ストーブも販売した。これが、シャープの上層部と付き合いを深めるきっかけとなった。

石油コンロが各家庭の台所に浸透すれば、主に調理用に使われる練炭は、すぐに売れなくなる。

だが、そうはならないと思った。

石油は暖房用にはよいが、厨房《ちゅうぼう》用には向かない。ストーブに灯油を入れる時など、石油独特の揮発性の強い臭いがする。日本の料理では、繊細な味や香りにこだわるので、調理用の熱源には不向きだろう。

LPガスは無臭だ。よく「タマネギの腐ったような臭いがする」と言われるが、あれは万が一、漏れたときに気づくように、わざと付けてある臭いで、燃えれば消える。

そこでLPガス事業へ乗り出したのだが、並行して石油事業も続けてきた。

六三年ごろから石油ストーブが急速に普及し、灯油の売り上げも伸びた。

増えた需要に供給が追い付かなかったのか、六六年ごろ、仕入れていた大手石油元売り会社が、販売量を制限するようになった。この会社とは縁を切ることにした。

次に提携したのは九州石油だ。九州唯一の石油元売り会社で、現在の新日本製鉄に重油などを販売、ガソリンは、九州地方のガソリンスタンドの販売網を持っていた。

レモンガス埼玉支店の灯油タンク。九州石油のロゴを2008（平成20）年に同社が新日石油に吸収合併されたころまで入れていた

重油やガソリンなどの、原油を精製してつくる石油製品は、特定のものだけを生産することができない。その過程で必ずガソリン、灯油、軽油、重油、タールという順にすべての石油製品ができるからだ。

九州石油には灯油の販売ルートがなかった。わが蒲田煉炭は、離れているので輸送コストはかかるが、販売ルートがある。一方、蒲田煉炭は石油会社の新たなパートナーを探していた。

双方の事情を知る商社の丸紅のあっせんで、手を組んだ。丸紅は、わが社にとってLPガスの仕入れ先という関係があった。

当初、灯油は九州から小さめのタンカーで東京湾の港に運び、そこからタンクローリーでわが社に運んでいた。

その後、販売が順調に伸びた。九州石油が、横浜市鶴見区の大黒ふ頭に二千キロリットルの大型石油タンクを新設して、九州から大型タンカーで運んでくるようになった。七〇年からは、丸紅の石油部からの提案により、東京、神奈川でガソリンスタンド事業を始めた。

私はガソリンスタンドの効率的な運営を図るため、安く大量に販売しようとした。だが元売り会社は競争を嫌い、販路や価格を統制しようとしてきた。

努力もしない、競争もしない、という事業は私のセオリーに合わない。そういうことから、ガソリンスタンドは一五年ほどやって、撤退した。ＬＰガスの販路拡大に力を注ぎたい、という考えもあった。

親や兄に転換求める

「茹《ゆ》でガエル」のたとえ話がある。

カエルを温度の低い水に入れて、弱火にかける。するとカエルはいい気持ちで、そこから出ようとはしない。徐々に水温が上がっていくのも気がつかない。やがて致命的な熱さにまで達したときには、体がぐったりして、飛び出すことができない。

一方、最初から熱湯に入れられたカエルは、すぐに飛び出してくる。

この話は最近、よく引き合いに出されるのを見るが、私は一〇年以上前から講演などで話している。二〇年ほど前、アメリカの雑誌で、ある経済学者が書いていたのを読んで、「これだ」と思った。

ぬるま湯のカエルが、今の日本のＬＰガス業界に思えてきたのだ。個々に見れば、真剣に将来について考えている企業もあるが、全体を見渡すと、現状に甘んじている。

企業には競争がなければいけない。競争の中で切磋琢磨《せっさたくま》して、企業を発展させることが大事だ。

ところが今のＬＰガス業界は、安定期にあり、無理に競争しなくてもやっていかれる。何もしない方がもうかる、と言えるかもしれない。

しかし、この状態がいつまでも続くはずがない。業界が今のままでは、いざというとき、足腰が弱くて、脱出できない恐れがある。流通機構の改革、価格の透明化などの課題に、今のうちに取り組むべきではないか。

それを伝えたくて、「茹でガエル」の話をしている。

四十数年前、当社も「茹でガエル」に近かった。練炭の事業は成熟産業となっていて「ぬるま湯」だった。

ある日、二人の兄に投げかけた。「このままずっと練炭をやっていくの？　そのうち、東京で練炭を使う人はいなくなるんじゃないの」

すると兄たちは言った。

「東京で売れなくなったら、東北で練炭屋をやればいい」

東北に行ったところで、やがては東京と同じように都市化が進む。道が舗装されて、練炭の灰の捨て場がなくなるだろう。

私は、暖房は石油、厨房はガスの時代になる、石油に続きＬＰガスにも手を付けるべきだ、と考えた。

ただ、石油事業を始めるのと比べ、ＬＰガスには大きな困難がある。初期投資がかさむのだ。

まず、ガスの充填《じゅうてん》所を設置しなければならない。ガスのタンクローリーもいる。各家庭に置くためのガスボンベも購入しなければならない。

私は経理を握っていたので、自前で資金を用意できることは分かっていた。だが、軌道に乗らないで失敗するリスクはある。それでもやった方がいい。

私の考えに、父と兄たちは当然、大反対した。私は現状を説明し、早いうちに新しいエネルギーに切り替えるべきだ、と必死に訴えた。だが、そう簡単には理解してもらえなかった。

孤立無援のガス事業

経営者は、変革を予期して、それに合うよう企業をもっていくことが大事だ。時代が変わってしまってから、あわてて転換しても間に合わないものだ。

私は兄たちの猛反対に遭ってもＬＰガス事業に突き進んだ。あのときの気持ちはまさにこれだった。

「そんなに言うなら、おまえ、自分でやってみろ」

兄たちは、納得はしなかったが、結局は折れた。私は充填所の設置、ガスボンベなどの購入から、販売ルートの開拓まで、ひとりでやることになった。

一九六二（昭和三七）年九月、蒲田（正確な所在地は大田区西糀谷）の本社内に、一五トンタンクを擁する第一号充填所を開設した。わが蒲田煉炭のLPガス事業のスタートだ。

充填所はその後、徐々に増やしていった。移転などの変遷をへて現在、県内には横浜市緑区三保町、平塚市高根、小田原市曽比、ほかに埼玉県東松山市と静岡県富士市の全五カ所にある。

ガス事業を始めると決めたころから、練炭の事業からは手を引くべきだ、と考えていた。すぐには難しかったが、六九年、完全に撤退した。

ただし社名にはしばらく「煉炭」を付けたまま。七三年に「カマタ株式会社」に変えた。

LPガスを始めた六〇年代中ごろ、練炭の需要は鈍化していたが、まだ商売は成り立った。高度経済成長期で、何もかも伸びていた時代だ。頑張れば売り上げを確保できた。

われわれがガスに軸足を移しているのを見て、同業他社は冷ややかな目で見ていたらしい。

大手の練炭会社はどうだったのか。石炭やガスに広げたところはあったが、撤退までは、なかなかいかない。労働組合からの反対があったからだ。

従来の事業をやめれば、各社員の仕事の中身も変わる。中には、練炭の製造に長く携わ

1962（昭和37）年、蒲田煉炭本社内に開設したLPガス充填所の開所式

り、その仕事しかできない人もいる。

　事業を転換しようとすると、こういう人事や雇用の問題も突きつけられるものだ。

　わが社には組合がなかった。その点、大手より有利だった。それでも、今までの事業を切ることへの不安はあった。

　われわれの規模の会社では、練炭を引きずりながら、ガス事業を続けるのは難しい。頑張って販売ルートを確保し、この事業を成功させるしかない。練炭の営業で培った「顧客に信者になってもらう」方法も使いながら、突っ走った。

　それから五〇年が過ぎた。今、わが社はLPガスの事業者として、かなり高い位置に就いている。「レモンガス」の名は、業界で知らない人はいない。

練炭時代の蒲田煉炭を知る人は、今はほとんどいないが、一〇年ぐらい前までは業界の中に何人もいた。そういう人にたまに会うと「あの蒲田さんがここまで大きくなって、すごいですね」と感心された。

あのときの決断は正しかったとつくづく思う。

第五章

新事業に燃える

店員の独立を手伝う

ＬＰガス事業を始めた当初は、卸売りだけだった。事業を大きくするには、卸先の販売店も育てていかなければ、と考えた。

現在、わが社と取引のある大手販売店の中には、そういう思いで私が力を貸し、一緒に伸びてきた会社がいくつもある。

相模原市南区西大沼の深沢商会もその一つだ。

社長の深沢康夫さんが、東京・世田谷区の練炭や豆炭、炭などを扱う薪炭店で働いていたころ、知り合った。

その店に私は営業で通っていた。行くとまず、奥さんと話をしてから、店の隣の倉庫へ行く。すいていたら、練炭を置いていく。大手業者の練炭を仕入れないように先手を打つのだ。

倉庫にはいつも、あのころ「小僧さん」と呼んだ若い従業員が、真っ黒になって炭を切っている。深沢さんだ。中学を卒業するとすぐ、山梨県から上京してこの店に就職したという。

　私は声をかけた。

「きみ、夢はあるの」

「このお店にお世話になって、ゆくゆくはこのお店を継ぐつもりです」

　店の主人には息子がいたが、このころは、「継ぐ気はない」と言っていたらしい。

「息子さんが継がないと決まったわけじゃない。それに、いつまでもレンマメ（練炭と豆炭のこと）をやっていてもしょうがないですよ。これからは石油・ガスの時代だから。早く独立した方がいいですよ」

　こういう話を、店へ行くたびに深沢さんにした。だが、深沢さんは一歩踏み出す勇気がなかなか出ない様子だった。

　そのうち、店の主人に深沢さんの将来について尋ねると「そろそろ独立させなくては」と言う。そう聞いて「今がチャンスだから」と深沢さんを促した。

「できないことはない。頑張ればできますよ」

　私がこう言って背中を押したことが、深沢さんに独立を決意させた、と後で聞いた。

　一緒に店を出す場所を探した。都市ガスが整備されていなくて、しかも今後、大きな需要が見込まれるところがよい。候補地として、最初から相模原に目を付けた。

ＬＰガスの店を出すには、販売許可が必要だ。その取得手続きなども手伝った。

こうして商売の道は私が付けたが、そこからは深沢さん自身の手で切り開いた。独立の一年ほど前に結婚。奥さんと二人で、朝早くから夜遅くまでよく働いていた。

顧客をつかむには、新築の情報を早く手に入れ、そこへ売り込むのが大切だ。そのためには、不動産業、住宅建設業者たちと人間関係をつくることだ、と助言した。深沢さんはその通りに、こうした業者のところを精力的に回り、強い関係を築いていった。

気が付いたら顧客が千世帯を超えていた、という。現在は約四千世帯。一販売店当たりの顧客数の全国平均が約九〇〇世帯だから、深沢商会は大手と言える。もといた薪炭店より一〇倍ほども大きな店を実現させた。

容器貸して顧客支援

ＬＰガスを利用者へ届けるには、容器のガスボンベが必要だ。販売店が新しい客を得たら、まずボンベを用意しなければならない。わが社がＬＰガスを始めた一九六〇年代は、一本六千円ぐらいだった。

始めたばかりで、顧客の少ない販売店には、資金の余裕がない。需要があるのに、ボンベが買えないので売り込めない、ということが起こりがちだ。

私は、販売店を育てるため、ボンベを貸すことを思い付いた。使用料は月一五〇円。一本買う値段で四〇本用意でき、それだけ客を増やすことができる。客が増えれば、当社の販売量も伸びる。

わが社では、ボンベを買う資金が必要になる。そこでボンベのメーカーと支払い条件を交渉した。六〇回の延べ払い。その代わり、必ずそのメーカーから買う、と約束した。

ガスの卸売業者が、販売店に容器を貸す仕組みをつくって始めたのは私が最初だ。その後広がり、今では販売店がボンベを買うより借りる方が主流だ。

この貸与システムを利用し、会社を大きくしたのが横浜市泉区和泉町の河野商事社長の河野勝さんだ（二〇一二年九月に亡くなられた）。

もともとわが社の練炭を扱っていた店の店員で、よく練炭を取りに来た。

オート三輪（タイヤが三つの小型トラックのような自動車）を運転していた。当時はオート三輪専用の免許があり、普通免許より取りやすかった。

話を聞いてみると、宮崎県の出身で、お金持ちになる夢を抱いて上京。川崎大師にお参りし「よい仕事が見つかりますように」と祈った。境内を出ると、電柱に張られた紙に「小僧さん求む」とある。それを見て訪ねたのが、当時の店だという。

「独立して薪炭店を始めたい」と話すので「これからは石油・ガスの時代だから、ガス関係の仕事がよいのでは」と助言。資金をつくるため普通免許を取るように、とも勧めた。そうすれば、給料の高い仕事につけるからだ。

当時、大手ガス販売会社で、ボンベを一軒に配達するといくら、という歩合の仕事があった。河野さんは車の免許を取り、配送を始めた。さらにガス販売店にしばらく勤め、経験を積んだ。

資金ができると結婚し、まず現在地へ店を開いた。今の横浜市泉区の辺りは、当時は都市ガスがなく、住宅建設は盛んだった。地の利にも恵まれた。

その後、私のところに、今の青葉区の販売店で、ご主人が亡くなり、奥さんから営業権を一〇年間借りてくれないか、と相談された。河野さんを紹介し、そこを最初の支店とした。

今では県内に四事業所を構え、一万数千世帯の顧客を持つ超大型の優良店だ。

蒲田煉炭（れんたん）の練炭・灯油・LP ガスの販売店が「富士ベニー会」を組織。1968（昭和 43）年、同会の視察旅行で

私は河野さんへさまざまなアドバイスをした。河野さんはそれらを一〇〇％信じ、忠実に実行し、そのたびに伸びてきた。

経理を担当した奥さんの功績も見逃せない。こうしてつくってきた販売店との絆は、わが社が発展するための重要な力となった。

意外なところに商機

蒲田煉炭がＬＰガス事業を始めた一九六〇年代、既に東京の都心部は都市ガスのインフラ整備が進んでいた。比べて神奈川県は、都市ガスの普及率がまだ高くなかった。

県内の都市ガスとＬＰガスの世帯数の比率

を見ると、現在、都市ガスは全世帯の約三分の二。だが当時は四分の一程度で、ＬＰガス世帯の方が多かった。一方、ベッドタウン化が加速し、住宅は増える一方だ。ＬＰガス事業が伸びる余地は十分にあった。

そういう考えから、深沢さんや河野さんが店を出す際、相模原や戸塚区（現・泉区）に目を付けた。

相模原と接する町田の辺りも、当時は今のようなにぎわいはなく、ＬＰガスの店を始めるには適地だった。

今、町田市森野にあり、アクアクララの販売パートナーでもある岡燃料店は、かつては東京・目黒区の薪炭店だった。

一九六〇年代初め、東京オリンピックに備え、都心部の高速道路整備が進められた。その計画に岡燃料店の土地が引っかかり、移転することになった。

店の主人（現社長、岡大路さんの父）に「これからどういう商売をしたらよいか」と相談された。私はＬＰガス販売を勧め、場所は相模原周辺がよいのでは、などと話した。

岡さんは私の言葉に沿って、町田市でガス事業を始め、成功させた。

このように、私が得意先を支援することもあれば、逆に得意先から商機をいただくこともあった。

そのころ、わが社の近くに、京浜石油という燃料の卸売会社があった。わが社から練炭を買って、販売店に売る仲卸や、われわれと同様、灯油やLPガスの卸売りをしていた。

あるとき、その会社の番頭から、お金を貸してほしい、と頼まれた。実は、私には株取引などの「副業」でつくったお金があり、それを元手に金貸しのようなこともしていた。

確か一〇〇万円ぐらいだったと思う。私個人がその会社に貸す、という形にした。

やがて返済日が迫ったころ、番頭が来て、会社が倒産すると言う。社長が無理な投資をしたのが原因だったようだ。

「お金は返せなくなりました。代わりにお客さんをご紹介します」

私は大森駅近くのすき焼き店に、この燃料問屋の顧客グループを招いた。集まったのは十数人のガス販売店主。中心人物は、川崎・高津区久地に店を構える田中泰治さんだ。すき焼き店で田中さんは「今後は御社から買いましょう」と言った。それを受けて、集まった人たちがみな、わが社の顧客になることが決まった。商売は意外なところにチャンスがあるものだ。

わが社がガス事業を始めて一～二年しかたたないころだ。月間販売量は一〇〇トンほどだったが、一気に三倍程度まで伸びた。

田中さんの会社（田中泰治商店）は今、わが社にとって最重要の取引先で、ナンバーワンの協力会社だ。

副業でクラブを経営

蒲田煉炭の役員をしながら、一時、副業で飲食店や麻雀店などを経営していたことがある。

始まりは一九五八（昭和三三）年ごろ、東京・蒲田駅近くの少し高級感のある飲み屋、当時「クラブ」と呼ばれたたぐいの店のオーナーになった。

なぜこんなことを始めたのか。一つは、正直に言うと会社の仕事が面白くなかったからだ。

練炭の会社に骨を埋める気になれない。頑張って新しいものを切り開こうとしても、なかなか思い通りにいかない。そんな不満から、全く別な仕事へと向かわせた。

もう一つは社会状況だ。まだ終戦直後の混乱を引きずり、混沌《こんとん》としたところがあった。

理屈で割り切れない世界に、ビジネス・チャンスがあるように感じられた。

店の名は「スコッチ」。私自身は店に出なかった。お金の管理は会社の経理担当の市川長男さんに任せた。

1954（昭和29）年、保険会社に勤めていたころの市川さん（左）と

慶応大学の同級生で、卒業後、大手生命保険会社に就職した。経理や財務に適任だが、人と関わったり、社員をマネジメントする仕事には不向きな人だ。ところが営業現場で毎日、女性スタッフに仕事の指示をする業務に就かされた。市川さんには無理だ。明らかな配置ミス、人材の無駄遣いだと思った。

三年ほど勤め、ついに市川さんは退職を決意した。ある日、蒲田煉炭に私を訪ね、小さな金融機関へ転職する、と明かす。いくら得意な仕事ができるとはいえ、大企業からそういうところへ移るのは、給料のことも含めいろいろ大変だろう、と察した。わが社に経理担当として入ってもらった。

私がクラブ経営を始めると、市川さんは毎日、会社の帰りに「スコッチ」に寄った。売り上げを計算し、私に報告した。

店のもうけはかなりあった。原価が一杯七円のハイボールを七〇円で売った。客が入れば利益は大きい。汗水垂らし真っ黒になって働く練炭事業とは、全く別の世界だと感じた。店のことは、店長でバーテンダーとホステスのマネジャーも兼ねていた男が仕切った。ホステスは三人ぐらい雇っていた。

あるとき、店長が、駅前の和菓子店で働いている女の子をホステスにしたい、と相談に来た。

「あの子を入れたら、絶対客が集まる」という。私は、普通の店員を水商売で使うのは難しいと思ったが、取りあえず、その子を見に和菓子店へ行った。

なるほど、きれいで魅力的な子だ。店の外で呼び止め、「こういう店でアルバイトしないか」と誘うと、乗り気な様子だ。「一人ではいや」と言うので、同じ菓子店で働く女の子と一緒に、雇うことにした。

期待通り、この女の子を目当ての客が増えて、売り上げは大きく伸びた。勢いに乗ってもう一軒、クラブを開いた。さらに、麻雀店とレストランの経営も始めた。

雇い入れて二年ほどたったころ、この女性のことで事件が起きた。

諭されて副業やめる

副業でクラブ経営を始めて五年ほどたったころ、警察の手入れを受けた。「スコッチというクラブで未成年の女の子を働かせている」という通報があったのだ。

和菓子店で見つけてホステスにした女性は当時一九歳だった。つまり一七歳のころからクラブで働いたことになる。

最初は清純な感じだったが、売れっ子になると菓子店員はやめ、男性客の「誘い」に乗るような女性へと変わっていった。警察で、店が売春を斡旋《あっせん》しているのではないか、という疑いももたれた。

私は都の公安委員会から呼び出しを受けた。委員の中に、慶応大学経済学部の高木教授がいた。授業を受けたことがある。教授は私を問い詰めた。

「あなた、慶応の大学院まで出ているのに、何でこんな違法なクラブの経営者をやっているのですか」

「本職は蒲田煉炭の役員なんですが、練炭の会社に興味が持てなくて、内職でやっていただけです」

「内職でも経営者は経営者です。未成年に夜の仕事をさせたら法律違反ですから、あなたは刑事罰を受け、前科が付きますよ」

そう言って私を諭した後、高木教授は続けた。

「あなた、お店をやめなさい。やめれば罰しませんから」

私は言われた通り、クラブの経営をやめた。麻雀店も、深夜営業が問題だと指摘され、やめることにした。高木教授のおかげで処罰は免れた。

本業の会社の仕事は、ＬＰガスという新規事業を始めてから、夢が持てるようになっていた。もう、気を紛らわすための副業は必要なくなった。

ＬＰガス事業を始めて一年後の一九六三（昭和三八）年一一月ごろ、仕入れ先の丸紅の白土光夫さんが、私のところに来て言った。

「かっちゃん、頼みごとがあるんだけど」

白土さんは慶応大学の同級生だった。福島県出身で、中学時代に海軍兵学校を経て軍隊

1979（昭和54）年ごろ、丸紅の白土光夫さん（右）と

入りし、戦後、帰還して慶応に入った。私とよく似た境遇でウマが合う。姓が「赤」と「白」というつながりもあって親しくなった。

白土さんは丸紅に就職。われわれがLPガス事業に乗り出して丸紅と取引を始めると、偶然にも液化ガス部担当課長だったことから、関係が深まった。

白土さんの「頼みごと」とは、東京・立川市にあるLPガス充填所の運営を引き受けてくれないか、という話だった。

その少し前から、丸紅が立川に設置した充填所で、運営していた人ともめ、出ていかれたので困っているという話は聞いていた。だが人ごとだった。

蒲田煉炭がそれまで築いた営業基盤の範囲

は、現在の品川・目黒・大田区と、川崎市東部、横浜市鶴見区。西は世田谷区ぐらいまで。立川は全くの圏外だった。

営業基盤もなければ販売網もない土地に出ていくことは、考えられなかった。

採算度外視して販売

丸紅の白土さんの「立川（東京）の充填所を運営してくれ」という頼みは断った。白土さんは「そこを何とか」と食い下がってきた。「家賃（充填所の賃貸料）の額はあなたが決めていいから」とまで言った。

二人で飲みながら、話し合った。

わが社は、蒲田の充填所一カ所で終わるつもりはない。ＬＰガスを始めて二年目、「さあ、これから」という時期にきている。

顧客は、品川・大田区、川崎辺りにいる。この辺りは、既に都市ガスがかなり普及している。

だが立川を中心とする東京都内の西部はまだ、都市ガス化が進んでいない。ゼロからの出発だが、チャレンジするのもよいのではないか。

そう判断して引き受けることにした。決める前に長兄に相談すると「やるのもやらないのも、おまえの責任だ」と言われた。

一九六四（昭和三九）年一月、わが社が運営を始めた。私が営業担当となり車で立川まで通った。

充填所の前の運営者は、別の商社と組んで新しい充填所を始めた。顧客も持っていった。しかし作業主任者、充填員などの現場スタッフが五人、残っていた。もうけがなくても、給料や家賃は毎月、払わなければならない。

最初の三カ月間は一軒も客がなかった。蒲田煉炭という社名も富士煉炭という商品名も、立川の周辺では全く知られていない。商売の糸口が見つからなかった。

何とか顧客を開拓しようと、ガスボンベを乗用車に載せて販売店を回った。契約を断られても、無料で一本、置いてきた。販売店にとってボンベ一本はささやかなものだ。営業効果よりも、多少でもガスを回すのが狙いだった。

最初の三カ月がすぎたころ「とにかく充填所を動かそう。それにはお客さんが買ってくれる値段で売るしかない」と考えた。

販売店を回り「いくらなら買ってくれますか。その値段で売ります」と持ちかけた。提示される額は、当社が丸紅から仕入れているガスの価格だった。家賃や給料などの経費分はない。

だが私は思った。やっても赤字、やらなくても赤字なら、やった方がいい――。

採算の合わないビジネスが六カ月ほど続いた。そのうち「お宅で買ってあげるよ」と言ってくる店が出てきた。こういう客には、原価へ経費分などを上乗せして、赤字にならない価格で売った。それでもよそと比べると安めだった。

黒字価格の顧客が付いてきたので、赤字で売っていたところに値上げ交渉をした。すると「とんでもない。もう結構」と取引を打ち切られた。だがその分、新たな客が増えた。

丸紅のガスは「ベニープロパン」というブランド名で、その信用力は大きい。わが社は、採算度外視で売り続けて実績を積んだ。信用と実績の二つが顧客を増やす力になったと思う。

その年の暮れ、販売量が月間三〇〇トンに達した。この数は、同じころの蒲田充填所とほぼ同じだった。

大手直販会社へ融資

東京の立川充填所を始めた翌一九六五（昭和四〇）年の月間販売量は六〇〇トン、三年目は千トンを売った。

四年目には、丸紅と取引のあるＬＰガス卸売会社の中で、かなりの販売量を誇るまでになった。

自分の力で、ゼロから始めた立川充填所を成功させた。この経験を通し、会社の仕事が心から面白いと思えるようになった。

六八年、父が亡くなった。七〇歳だった。

父は、私が大学院に通いながら会社を手伝っているころ、軽い脳梗塞になった。以後、少しずつ進行して、体が不自由になった。練炭からＬＰガスへと事業転換を考え始めたころは、もう話し合いにも出てこられない状態になった。

父の死後、蒲田煉炭の社長は長兄の彌喜雄が継いだ。私は専務となり、ＬＰガス事業の拡大にますます力を入れた。

そのころ丸紅の白土さんから、また相談を持ちかけられた。今度は平塚市の新神奈川石油瓦斯《がす》（新神奈）という会社のことだ。

ＬＰガスを、主に消費者へ直接販売する会社だ。約八千世帯の顧客を抱え、直販会社としては当時、県内で三本の指に入っていたのではないか。その会社のため、「お宅の会社の信用限度を使わせてくれないか」というのだ。

丸紅は、納入する会社に対し、いくらまで売り掛けてよいか、という「信用限度」を定めていた。納めた分の代金が、決められた日数以内に支払われれば問題ないが、滞ると、この限度以上は売らない。

わが社は支払いが順調で信用限度に余裕がある。そこで、新神奈に納める分を上乗せして購入し、実際は新神奈へ回してくれ、代金とその分の利子は後で払う、という話だ。

白土さんは「新神奈は、担保がないのに事業を拡大しすぎて入金が滞っているが、営業基盤があるからつぶすのはもったいない」などと言う。

白土さんの頼みだから、と気軽に承諾した。数カ月するとまた融通してくれ、と頼まれた。そんなことが何回かあった後、今度は「私が保証人になるから、一千万円融資してくれないか」と言ってきた。

この会社には興味があった。われわれ卸売りと比べると直販の方が利益率がよい。融資という形で関係をつくれば、何かつながるかもしれない。丸紅が裏に付いているのだから――。

そう考え、銀行から一千万円借りて新神奈に回した。

すると一カ月後、丸紅から「もう一千万、貸してくれないか」と言ってきた。そんなには貸せないと言うと、融資ではなく出資ならどうか、という。

新神奈は資本金が一千万円。増資して二千万円にする。増資分を蒲田煉炭が負担すれば、五〇％出資会社として経営に関われる、という話だ。

私は丸紅の審査担当の人に、新神奈のことを尋ねた。担当は「商権は八千万円ぐらいの価値がありますから、投資しても損はないですよ」という。この話に乗ることにした。

放漫経営が明るみに

一九六八（昭和四三）年ごろ、蒲田煉炭の資本金は一五万円だった。

それが資本金一千万円の新神奈川石油瓦斯《がす》（新神奈）へ出資して二千万円の会社をつ

くった。危なっかしい話だが、ガスの直販会社という点に引かれて、思い切った。

出資後、弟の孝を出向で入れた。六五年、蒲田煉炭の三番目の充填所を横浜に設け、横浜支店を置いた。孝はその支店長をしていた。

半年ほどすると、孝が「横浜へ戻してくれ」と言ってきた。新神奈の専務が大変なやり手で「あの男とは一緒にやっていけない」という。

専務は、大きな外国車を乗り回すような人物で、派手で外交的だ。孝はまじめで性格的におとなしいので、こういう人物とのやりとりは苦手だった。

調べると経営に大きな問題があった。旧経営陣がとどまっている限り、立て直しはできない。既にこの会社に二千万円つぎ込んでいる。自分の手で再建しないと駄目だと判断した。

増資前の一千万円分の株は、半分が、高梨さんという社長、残り半分は専務が持っていた。全て買い取った。

さらに、大和市にあった新神奈の支店を独立させて専務に渡し、会社から出ていってもらった。本社の敷地の一部は高梨社長の個人資産だったので、それも買い取った。

これらに充てるお金は、銀行で貸してもらえない。このころはまだ、そこまでの信用は

弟の孝（右）と。1965（昭和 40）年ごろ、旅行で行ったアメリカ・グランドキャニオンで

なかった。

当時、東名高速道路の川崎インター近くに約四〇〇〇坪（約一三〇〇〇平方メートル）の土地を持っていた。東名ができる直前、値上がりを見越して買った。この土地と、小田原市の充填所建設予定の土地を丸紅へ売って買収資金にした。

六九年、新神奈の株を全て取得し、完全系列会社とした。社長には蒲田煉炭社長の長兄彌喜雄《みきお》が、専務には孝が就いた。

調べて分かったのは、ひどい放漫経営だった。

静岡県の伊豆山の有名なホテルに、八〇〇万円の売掛金があった。当時としてはかなりの額だ。われわれから一千万円も借金しなければならない会社が、こんな大金を回収しないとはどういうことか。

すぐに出かけて、ホテルの女将《おかみ》に払ってくれ、と迫った。すると女将はあっさり「ええ、払いますよ」と言う。

「その代わり、そちらの未払いの飲食代八〇〇万円をお支払いください」

なんともひどい会社だ。社員がガスの集金に行き、その代金分、飲み食いしていた。

例の専務だ。ホテルだから、ガス代は月に二〇万〜三〇万円ぐらいに上った。専務が社員を引き連れて「集金」へ行き、その分、どんちゃん騒ぎをして使った。それが溜《た》まって八〇〇万円になり、未回収の売掛金として帳簿に残ったのだ。

ほかにも、集金に行った先で、代金分を使い込んでいた社員が何人もいた。「専務がやっているんだから、俺も」というわけだ。

こんな状態の会社を立て直すのは大変だった。

一〇年かけて立て直し

新神奈川石油瓦斯（新神奈）の立て直しは物心両面で必要だった。

「物」とはお金。経営健全化のため、広げすぎた事業を整理した。「心」とは社員のモラル教育の徹底だ。集金したお金をポケットに入れる、などの不正行為の見つかった社員は、みなやめてもらった。

一八〇人前後いた社員のうち、営業を中心に約五〇人が退社した。長年、不正を許してきた「体質」も変えなければいけない。社員一人一人に倫理意識を持たせるため、私自ら平塚市の本社に出向き、対面指導した。

こうした再建の取り組みが実を結ぶまでに一〇年ぐらいかかった。

新神奈の経営権を握り、わが社は卸売りに加え直販へも参入することになった。しかし二股を掛けていることは、しばらく隠していた。新神奈と取引はあるが、経営は無関係を装った。

蒲田煉炭は小売りはしない。卸として販売店を支援する姿勢でやってきた。小売りをやることは、顧客の販売店と競争することになるわけだから、オープンにできない。

われわれも得意先に配慮して、そのエリアで営業しないよう心がけた。

ところが、わが社と信頼関係のある販売店が、そうと知らずに新神奈の顧客を奪おうとした。小売りのことは内緒にしたいが、新神奈も守らなければならない。それで悩んだこともあった。

一九七三（昭和四八）年、社名をカマタ株式会社に改めた。翌年、取引先だった丸勝という川崎の販売店を買収した。

新神奈のような規模はないが、顧客が四千世帯、一カ所に店を構える「町の販売店」としては大手だ。

土地を所有する奥さんと、その土地に店を設け、ガス事業を発展させたご主人とでやっていた。ところが、事情があって離婚した。

奥さん一人では店の経営ができない。わが社で営業権を買い取ってくれないか、と相談された。顧客数が多いことなどの魅力もあり、引き受けた。

別会社のままだった新神奈と違い、丸勝はわが社が吸収した。それでも屋号などは変えず、社員も引き継ぎ、カマタとの関係を内緒にしていた。

やがて新神奈や丸勝のことが明らかになり、批判されることもあった。

しかし、時代は変わった。

ＬＰガスを卸や仲卸を通して売る、という流通形態は、元からあったもの。われわれがこの事業に参入する時点では、それに乗るしかなかった。だが、できれば流通過程を簡素化し、ガスをより安く消費者に提供したい。

こういう考え方は「流通の効率化のため、中間業者は減らすか、なくすべきだ」という時流とともに、支持されるようになった。

今では、卸売業者が小売りも兼ねるのは普通だ。元売り、つまり輸入会社が直販を行う例もある。約一千万世帯の顧客を有する東京ガスも直販だ。

第六章

さらに挑戦を続ける

コンビニ事業へ挑戦

一九七一（昭和四六）年、京浜蒲田駅前に「ベニーボール」というボウリング場を開いた。

われわれが販売するLPガスは丸紅から仕入れた。そのブランド名が「ベニープロパン」だ。われわれ蒲田煉炭でも、得意先で「ベニープロパンの赤津です」などと名乗る。蒲田煉炭の事業に「ベニー」を冠するのは当然だった。

ボウリング場を始めた理由は、その前年ごろから、ブームが起きたからだ。ボウリング場をつくれば、必ずもうかるような雰囲気だった。

だが、ブームは長続きしない。三年ほどすると客がガタンと減った。気づいてみれば、ボウリング場は過剰気味だった。

ベニーボールは当初、一・二階合わせて三六レーンあった。次々につくられたボウリング場の中でも大きい方だった。

その一階部分を七五年、スーパーマーケットへ転換した。「ベニースーパー」と名付けた。

　そのころ、薪や炭の倉庫を活用できる事業はないか、と考えた。かつての顧客である薪炭店は、どこも倉庫を持っていた。炭や練炭の製造業者は、夏、需要が減るので割引販売をする。蒲田煉炭もそうだった。

　薪炭店では、価格の安い時期に買って、需要が伸びる冬まで倉庫に置いておいたのだ。

　炭の販売業の歴史は古い。江戸時代、炭がエネルギー源として重要だったころは、商う家の地位は高かった。そのため、立派な倉庫を持っている薪炭店は珍しくなかった。

　やがて薪炭の時代が終わり、わが蒲田煉炭も製造をやめた。だが、かつての顧客である薪炭店とのつながりはある。新しい事業を提案して、提携を図ってはどうか。

　そこで思い付いたのがコンビニだ。アメリ

1971（昭和 46）年、蒲田煉炭経営のボウリング場「ベニーボール」の開所式に、付き合いのあった石原慎太郎さん（左）が出席。その右は長兄の彌喜雄、私

カの流通事情を勉強していたら、そういう業態があるのを知った。セブン―イレブンの第一号店が東京にできたのが一九七四年というから、それと同じころだ。

しかしまだ、コンビニに着目する人はほとんどいなかった。

コンビニを始めたいとは思っても、流通業は素人だ。まずは仕入れから研究しよう。そこで既存のスーパー事業にチャレンジすることにした。

蒲田から始めて全部で一五軒ぐらい出した。わが社は最終的に撤退した。一部は今も、「ベニースーパー」の名で日東エネルギーと、LPガス販売の小泉太郎商店が継続している。

撤退の一番の理由は、資金力だ。スーパーの事業は、借金をしないで自己資金だけで始めた。しかし、コンビニという、全く新しい事業を軌道に乗せるには、かなりの資金が必要だった。借金でまかなうとなると、社内の理解を得なければならない。

当時、本業のLPガス事業では、九州で販売網を広げる戦略に取り組んでいた。始める際、何事にも慎重な役員に反対された。コンビニのために、再び社内を説得するより、本業を優先することにした。

価格差のない九州へ

一九七〇（昭和四五）年ごろ、販売網拡大のため、九州へ出ていこうと考えた。なぜ九州か。大きな理由は、ＬＰガスと都市ガスの価格差にあった。

当時、東京の都市ガス（東京ガス）の料金は一立方メートル当たり約三五〇円、ＬＰガスは約五〇〇円。一五〇円の差があった。

一方、九州最大の都市ガス会社、西部ガスは五〇〇円程度で、ＬＰガスとほぼ同じだった。

地域によって料金に差が出るのは、人口密集度に関係がある。

都市ガスの料金の決め方は、電気や水道などと同じだ。まず、設備工事費や人件費などの、全ての費用を算出する。それを回収できるような料金を、供給エリア内の世帯数などを勘案して設定する。

仮に、広さは同じで、人口密集度の違う二つの地域があるとする。広さが同じなら、同じ長さの配管が必要になり、設備工事費もほぼ同じだ。

しかし、エリア内の人口が密集している（世帯数が多い）方が、費用は回収しやすい。だから料金が安くなる。

当時、東京と福岡の都市ガス・エリアを比べると、広さは大体同じで、その中の人口は、東京が福岡の約七倍だった。この差が都市ガスの料金設定に影響し、価格差を生んだ。ＬＰガス事業者にとってみれば、この差があるので、九州では都市ガスと勝負する余地が十分ある。

一方、東京では、初めから価格差が大きい上、都市ガスの普及はどんどん進む。この差はどうしても埋められなかった。

私は当社の役員に提案した。

「東京は限界だ。九州に出て、販売網を広げよう」

「そんなところへ行って、失敗したらどうするんだ」

これが社内の空気だ。新しいことを提案すると、必ず失敗を恐れるのだ。

私の考え方は違う。失敗してもいい。一つや二つ失敗しても、三つ目で成功することもある。すぐに成功しないかもしれない。しかし、収支は後から付いてくるものだ。

その好例が、第二部の初めに書いたＬＰガスのコージェネレーション（ガスを燃やして発電機を回し、同時に廃熱で湯をつくる）だ。私はもう二〇年以上前から取り組んでいる。それが、東日本大震災後のエネルギー問題が契機となり、今になってやっと、ビジネスとして考えられるようになった。

すぐに結果が出ないからといって、全く見込みのない事業、と言い切れるものではない。社内で対立したまま、私は九州に乗り込んだ。

七一年に、福岡ベニー（後に九州カマタ）を設立し、福岡市に第一号基地を設けた。七八年、福岡県・糸島に第二号基地、七九年には鹿児島市に開いた。八六年に熊本カマタを設立。さらに大分にも拠点をつくり、徐々に範囲を広げた。

得意先の協力受ける

九州に新しい販売網をつくる、という「九州戦略」は当初、思うようには進まず、苦戦した。

とにかくこれまで同様、販売店を回って顧客を開拓するしかない。そのため九州へ頻繁に出かけた。一年の半分を九州で過ごす、という状態が一〇年間ぐらい続いた。

10年ほど前。右端が私。右から2人目、立っているのが遠藤正三さん。その左は私の次男夫婦

一方、東京でも事業は続けた。都市ガス化の波をかぶりながら、価格をできるだけ抑えて、販売店とつながりを保つ。都市ガスがまだ普及していないエリアへの営業を強める。新神奈川石油瓦斯などでの直販事業も、伸ばさなければならない。

大変なときに力になってくれたのが、販売店の遠藤正三さんだ。長兄の妻の弟でもある。川崎市中原区でLPガスを販売する遠藤商店の経営者で、われわれの得意先でもあった。

遠藤さんは、わがカマタの販売店同士の付き合いに加わるので、各店の事情をつかんでいた。

私も努力はしていたが、目の届かない部分がある。わが社に不満を抱く店も出てくる。今は問題がないが、大事に至らないよう注意すべきこともある。そういう情報をこまめに伝えてくれた。

東京を留守にすることの多い私にとって、こういう協力店はありがたかった。

それだけではない。長兄とは義理の兄弟の関係でありながら、私と長兄が対立すると、私の味方に付いてくれた。それも私を勇気づけた。

遠藤さんは、もとは日産自動車に勤めるサラリーマンだった。

あるとき、私のところに来て「会社をやめて、店をやりたい」という。独身だったので、月末の給料日前でも、お金に余裕がある。すると、退職間近の先輩が「すまないが一万円、貸してくれないか」などと頼みに来る。

「あの姿を見るとサラリーマンは寂しい。店の経営は、一生懸命やれば、それだけのお金が入ってくる。あんなみじめなことにはならないと思う」

私は反対した。店の経営は、そんな甘いものではない。サラリーマンは夕方五時になれば帰れるが、店を持ったら土曜も日曜もない。そう言って追い返したが、二度三度とやってきた。

そのころ、わが社の従業員だった人が、独立して始めた店がつぶれた。売掛金の代わりに店を買ってくれないか、という。

一九六一（昭和三六）年ごろのこと。まだわが社ではＬＰガス販売も小売りもしていなかった。引き取っても運営できないから、誰かに任せようと考えるうち、遠藤さんにやらせてみようか、と思った。

家賃を安くするなど、親戚としての支援もしたが、本人も頑張った。借りていた店を買い取り、自宅を建て、さらにマンションと子どもの家も建てた。サラリーマンではできないことだ。私がＬＰガス事業を勧めてよかった、と思う。

その上、わが社の支えにもなってくれた。遠藤さんの協力は、当社の首都圏の販売戦略に大いに貢献した。

充填所の建設へ反対

九州戦略の一方、埼玉県方面でも販売拡大計画を進めた。

県内に充填所をつくるため、東松山市の工業団地の土地を購入した。充填所を建てる目的で買うことは、当初から市に伝えた。

ところが、施設を建てる段になると、建築許可が下りない。県庁の担当課を訪ねて聞いたところ、地元のＬＰガス卸売業界がカマタの充填所設置に反対している、という。

私は担当課に尋ねた。許可が下りないのは、何かわれわれが法律違反をしているからですか、と。

だが、そうではない、という。

地元業界とけんかをするつもりはない。少し様子を見ることにした。だが一年ほどたっても、何も動かない。

懇意にしていた自民党衆議院議員の安倍晋太郎さんに相談した。すぐ県へ電話してくれた。「法的に問題がないのに、許可しないのはどういうことか」

安倍さんは、地元選出の国会議員を通じ、詳しい事情を調べてくれた。業界団体は「カマタはマーケットを乱すから」という理由で反対している、という。

ＬＰガスは、販売許可や取扱者の資格は必要だが、販売は自由競争だ。われわれはその原理に基づいてビジネスをしてきた。

だが、新たに進出しようとした地域では、市場が安定していた。そこへ競争を持ち込まれては困る、ということで反発が起きた。

これは「日本の縮図」だと思った。本来は自由競争のはずのマーケットで、競争を避けようとする業者が結束する。組織力を使って行政をコントロールしようとする。同様のこ

1977（昭和 52）年ごろ、安倍晋太郎さん（左）と

とが、さまざまな業界で行われているのではないか。

こういうことがまん延するのは問題だと思う。自由競争を束縛《そくばく》するのではなく、競争を促して経済をスムーズにすべきだ。その方が結局は、業界のためにもなるのではないか。

安倍さんの質問に対し、県は、業界団体の要望に引きずられ、対応に問題があったことを認めた。その後、業界団体に対し、カマタへ許可を出さない理由はない、埼玉県のＬＰガス卸売業界の要望は受け入れられない、と伝えた。

われわれの立場は守られた。一九七七（昭和五二）年、東松山市に東松山充填所をオープン、同じ場所に東松山支店（現・埼玉支店）を開設した。

安倍さんとは「晋友会」という勉強会を通じて、付き合いが始まった。私を含め、中小企業の若手経営者を一〇人ほど集め、中小企業が今、どんな問題を抱えているのかを、直接聞くのが目的だ。年に三回ほど一緒に食事をした。

ほかに石油販売、中規模の商社などの経営者が入っていた。銀座のイタリアン「サバティーニ」をはじめ、海外の一流レストランを誘致して開店させている三好三郎さんが、中心人物の一人だった。

安倍さんは、わが社の新年会にいつも顔を出してくれた。

安倍さんに限らず、政治家に事業の問題で相談したのは、東松山のことだけだ。

石油危機で信頼得る

一九七三（昭和四八）年に第一次石油ショック、七九年に第二次石油ショックが起きた。灯油・ＬＰガスの卸売業者は大打撃を受けた。ふだん取引している元売りからは、十分な供給がない。通常の七割ぐらいにまで落ち込んだ。

私は拡販の絶好のチャンスだと思った。必要な量を確保するため、他の元売りなど、できる限り当たった。

価格を上げれば、売ってくれるところはあった。販売店には通常の価格で売った。

ＬＰガスも同様に品薄になった。丸紅の努力で、当社への供給量が減ることはなかった。しかしどこも足りないから、販売店からの注文量は増えた。

これもまた、探した。名古屋の方で回してくれるところがあった。仕入れ値は通常の五割高い。その業者は恐らく、得意先の販売店には卸さないで、高く買うところへ売っていたのだ。すなわち、利益優先の販売政策だ。

われわれは逆だ。高く仕入れても売価は変えない。つまり、仕入れ値よりも安く売った。当然、大赤字だ。

これは私の販売戦略だ。こういう時こそ「損して得取れ」だと考えた。その結果、販売店から「カマタは供給を切らさない」という信用を得たのだ。以前からの販売店で取引量を多くしてくれたり、新たな販売ルートもできた。

「損して得取れ」は立川充填所の時もそうだった。九州に出ていく時にも、この手を使った。

初めから「もうけよう」では成功しない。まずお客の信頼を得ることだ。そうすれば自然にもうかる。「儲ける」という漢字は「信者」という字で成り立っている――。

そう考えて、きょうまでやってきた。

このオイルショックのことがきっかけで、当社との関係を深めた販売店も多い。町田市金森の平本商事もその一つだ。

先代社長の平本修三さんは努力家で、先見の明がある人だ。もとは薪炭《しんたん》店だったが「これからは灯油、ガスの時代」と切り替えたのだ。

平本さんは人望もある。八七年、当社は業界初のＬＰガスの二四時間集中監視システム「ガード３６５」を開発・販売した。同時にその運用母体として、株式会社保安監視センターを立ち上げた。その際、社長をお願いした。

これは前に書いたように、ガスボンベの残量の管理と、ガスの不自然な流れを検知して事故を防止するシステムだ。

各家庭に、コンピューター内蔵のガス・メーターを設置、そのデータを電話回線を通じて、監視センターへ伝える。異常を検知すれば、ガスの自動遮断などの対応を取る。

カマタ傘下の販売店を通じて、約三〇万世帯に取り付けた。

時代の動きに敏感な平本さんは、このシステムの重要性を早くから理解し、設置促進に尽力。業界全体の集中監視システムを、都市ガスより早く普及させることにも貢献した。

有能な人物に悲哀も

仕入れ先でも、心に深く残る人と出会った。

前に書いたように、灯油事業を始めた当初、シャープ製のストーブも売っていた。その関係で当時、同社東京支店長で、後に副社長の関正樹さんと親しくなり、プライベートの付き合いもするようになった。

知り合った一九六〇（昭和三五）年ごろのシャープは、家電メーカーとしては二流だった。わが社では、シャープのストーブと湯沸かし器を扱っていたが、当時、家電メーカートップの松下電器（現・パナソニック）のものよりワンランク落ちる、という印象を持っていた。

関さんは、製品だけでなく、シャープという会社を一流にしたい、という意気込みで頑張っていた。その後、本社に戻り、会社全体の営業に関わった。

関さんは高度成長期の中、社会の変化を見通し、それに基づいて確実な成長路線を敷

1989（平成1）年、シャープ元副社長の関正樹さん（右）、同元常務の松野俊一さん（左）と

き、それを実行した人だ。考え方の基本は「五年後の会社はどうあるべきか」だった。

あのころ、シャープの技術は、佐々木正さんという電子工学の専門家（同社副社長まで務めた）が引っ張っていた。超小型電卓の開発などで、世界的に高い評価を得ている技術者だ。私も八年ほど前、燃料電池のことで指導を仰ぐなど、親しくしている。

関さんの打ち出した営業戦略は、佐々木さんを中心とする技術と、うまくかみ合っていたと思う。

関さんは副社長のときに退社した。社長となり、その考え方を次代にうまく引き継いでいたら、現在のシャープの危機は防げた、と残念に思う。

ＬＰガス仕入れ先の丸紅では、ロッキード事件で有名な元専務の伊藤宏さんと親しくなった。

初めて会ったのは、事件前、一流商社の大専務のときだった。頭脳明晰《めいせき》で営業手腕があり、株取引でも成功して、会社に多大な貢献をした。自ら「丸紅の利益の半分は私がつくった」などと言い、自信に満ちていた。

ところが七六年、アメリカ・ロッキード社の旅客機販売に絡む、大贈収賄事件が明るみに出た。

同社の販売代理店だった丸紅は、当時の総理大臣に賄賂《わいろ》を贈ったとされ、その中心人物の一人として伊藤さんの名が挙がり、有罪となった。

専務から降ろされ、会社から追い出された。系列の丸紅石油へ移り、顧問のような職に就いた。

わが社と関係ある会社ということもあって、私はお付き合いを続けた。ゴルフなどで私的な交流も深めた。伊藤さんとあの事件以降も付き合った人は少なく、私はその一人となった。二〇〇一（平成一三）年に亡くなられたが、その年の正月にも一緒に食事をした。

サラリーマンの世界は厳しい。どんなに会社のために尽くしても、一度失敗したら、谷底に落とされる。しかも伊藤さんの場合、「会社のため」を思ってやったことだ。かつての輝きを失った伊藤さんに、サラリーマンの悲哀を感じた。

九州のガス会社買収

九州での展開では、一九七九（昭和五四）年に、鹿児島県鹿児島市に充填所を設けた。だが、それに見合う顧客数までは、なかなか伸びなかった。

そんなとき、同県鹿屋市の鹿屋ガスが倒産しそうだ、という情報が入ってきた。八八年一一月のことだ。

規模の大きい直販会社だ。同市内とその周辺に約一万五千世帯、鹿児島湾を挟んだ対岸の鹿児島市内に約六千世帯の顧客を抱えていた。

ガス会社としては優良だが、鹿児島湾の土地を買ってリゾート開発に乗り出し、つまずいた。投資を回収する前にバブルがはじけた。資金のほとんどは銀行からの借り入れで、返済が滞り、銀行が融資を引き揚げる話になった。

私は考えた。これはチャンスだ。この会社を手に入れれば、同県の販売ルートが一挙に増える。

ただし、経営を引き継ぐのはやめよう。恐らく、手形を大量に発行しているだろうから、後で問題が起きる。土地と建物、設備、商権、営業権だけを買い取ろう。

すぐに調査すると、二カ所の充填所などの不動産と設備が約一六億円、二万一千世帯の商権などが九億円で合計二五億円、出す必要がある。しかも一二月末までに一七億円、銀行へ払わないと倒産するという。

さらに、大手ガス会社など数社もこの会社を狙っているのが分かった。

勝ち目はある。大きな会社では、一〇億、二〇億とまとまったお金を動かすには、役員会にかけなければならない。あと二カ月足らずで年越しの一七億円は用意できないだろう。一方、当社は私が経理を握っている。稟議《りんぎ》などの手間はいらない。このスピードが勝利の鍵だ。

とはいえ一七億円もの手持ちはない。銀行から借りることにした。わが社の取引銀行は、父の代から富士銀行（現・みずほ銀行、戦前は安田銀行）だけだった。ふだん利用している蒲田支店へ行き、単刀直入に「年内に一七億円、融資してほしい」と相談した。

担保も保証もない。だがわが社の経営状況はしっかりしている。黒字経営を続け、内部留保が大きく、財務体質は健全だ。

資本金は当時、設立時の一五万円のままだった。その会社にたった二週間で一七億円の融資が下りるとは、通常では考えられない。下りない場合に備え、蒲田駅周辺の大手銀行数行へ、同時に数億円単位の借り入れを申し込んでいた。

二週間後、富士銀行蒲田支店から「本部の確認が取れたから」と連絡があり、一七億円融資が決まった。

私がまだ大学院生で、銀行の取引を任されたとき、父に厳しく言われた。

「他の銀行に目移りしてはいけない。事業をしていれば、まとまった金が必要な時がくる。その時にお金を貸してもらえるよう、一行と取引を続け、信用を築いていくことだ」

私は教えを守り、銀行に、わが社のことをよく分かってもらうようにした。そうしていなければ、二週間で一七億円は借りられなかっただろう。感謝、感謝。

使用料支払いに妙案

一九八八（昭和六三）年末、一七億円を用意して、鹿屋ガスを買収した。それをもとに鹿児島ガスを設立。充填所は三カ所、直売の顧客は、九州カマタ鹿児島支店と合わせ、約二万五千世帯となった。

買収に必要な、残りの八億円は鹿屋市内のLPガスの営業権を、新神奈川石油瓦斯《がす》に買わせてつくった。鹿児島ガスからその使用料を取る形にした。

同じ年、LPガス業界全体に二部料金制が導入された。

LPガスの料金は、かつて、ガスボンベ一本いくらと計算した。ガスの出が悪くなるとボンベを交換したので、ボンベ内にガスが多く残っていても、一本分の料金がかかった。

その後、メーターを付けて、使った分だけ支払う従量販売へ移行した。

だが、都市ガスは基本料金と従量料金の二部制だ。消費者に分かりやすいように、LPガスも二部制にすべきだと考え、実施していた。

業界全体でもそうすべきだと提案したが、反対意見もあった。

当時の神奈川県LPガス協会の幹部は、わざわざ当社に来て「料金体系に不透明なところがあるから、弱小販売店が生きていかれる。御社がやることは黙認するが、業界全体が参加するのは大反対だ」と言ってきた。

消費者は透明化を望んだ。業界全体に二部制を導入したことは、LPガス協会の安定に

鹿屋ガスの旧社屋。現在はレモンガス鹿児島支店

つながった。私はその先導役を担った。

次に提案したのが、コンビニでの支払いだ。かつては、平日の昼間はたいてい、家に主婦がいたので集金しやすかった。核家族化、女性の社会進出などが進むにつれ、それが難しくなった。

特に困るのはひとり暮らしの学生。留守が多い上、連絡もなく引っ越してしまう。使用料が少ない割に、何度も足を運ばなければならず、集金コストがかさむ。学生のＬＰガス利用者をどうすればよいか。彼らがよく行く場所はどこか。コンビニを思い付いた。

コンビニでは当時、商取引上の支払い代行は行っていなかったものの、公共料金である都市ガス、電気、電話などの代行は既に行っていた。

まずセブン-イレブンと交渉した。しかし、システムを新しくつくらなければならない、と難色を示された。

わが社では、八三年に立ち上げたシステム会社のコムネットトイレブンが、顧客管理のシステムを持っていた。セブン-イレブンのシステムをつくっている野村総合研究所に、わが社とコンビニのシステムをつなげてもらえないか、と頼んだ。

初め「うちのシステムと共有できるわけがない」と言われた。「三カ月でいいですから、試しに共有できるかどうか、やってもらえませんか」と粘った。するとうまくつながった。九三（平成五）年、セブン-イレブンでの料金代理受理サービスがスタートした。その後、他のコンビニでも導入してくれた。さらに全国のＬＰガス業者とネットワークを共有するようになった。

第七章

次代へつなぐために

業界初のブランド名

一九九一（平成三）年、『レモンガス』というブランド名を確立した。

このころＬＰガスの自由化を控えていた。九七年、それまでの許認可制から届け出制に変わった。ただし、取扱者などの資格はこれまで同様、必須条件だ。

業界全体が「仲良しクラブ」でやっていた時代は終わりとなる。互いに競争しながら成長することが求められるようになった。

ＬＰガス業界はどの会社も同じ「プロパンガス屋さん」と呼ばれている。ボンベの中身も変わらない。消費者に選んでもらうには、他社との差別化が必要だ。安全性やサービスなどが他社と違うことをアピールしなければならない。

そのために、自分たちの商品に名前を付け、ブランド化すべきだ。

こう考えていたとき、社内の若い人たちのグループが『レモンガス』を提案してきた。

初めに聞いたとき「レモンの匂いを付けるの」と尋ねたら、そうではない、という。

ＬＰガスのＬ、エネルギーのＥ、メディアのＭ、オープンのＯ、ネットワークのＮで

「ＬＥＭＯＮ」。

ＬＰガスという素晴らしいエネルギーを通じて、開かれたネットワークを構築する。一世帯一世帯をネットワークで結ぶことで、一〇〇万世帯のお客さまとつながりを持ちたい、という思いも込める。

これでいこう、と採用を決めた。ガスにブランド名を付けたのは、わが社が最初だ。名前を決めると、ロゴをつくり、ガスボンベに入れた。ラジオやテレビのコマーシャル、ラッピングバスなどの広告も打った。

二〇〇六（平成一八）年、グループ再編時に、社名もカマタからレモンガスに改めた。

このとき行ったテレビ広告が大ヒットした。

とにかく消費者に、レモンガスの名前を覚えてもらいたい。そのためのテレビ・コマーシャルを提案してほしい、と広告代理店に投げたところ、いくつか出てきたものの一つだった。

「あやめちゃん」こと小島あやめさんという、当時小学生で、ラップ調の歌が得意な女の子を起用。その子が「うちうち、うちはレモンガス」などと歌う。ユーモラスでインパクトもある。安全性もさりげなく織り込んだ。

2012年6月にレモンガスのCMを制作したときにも、再び小島あやめさん（写真）を起用

ところがこの提案に対して社内から「品がない」などの悪評が続出した。

それは違う、と私は思った。われわれは一流の会社ではない。一流なら、もっとスマートなものがよいだろう。しかし、今のわが社に必要なのは、強烈なイメージを与えることだ。

そういう考えで、このコマーシャル案を採用した。

放送は関東と九州の地方限定だったが、「ユニーク」などと評判が広がった。おかげで、何とＮＨＫテレビで紹介された。

民放のバラエティー番組でも注目された。一時期は毎週、コマーシャルのパロディーとともに流された。

ブランド戦略は成功した。消費者に「レモンガス」が広く浸透。業界では全国的に知られるようになった。

安全な水の宅配参入

災害のたびに注目されるライフライン。その一つであるLPガス事業がレモンガスの中心だ。さらにコージェネレーション・システムにより、電気の供給にも関わっている。ライフラインでもう一つ重要なのが水の供給だ。二一世紀に入り、この分野にも参入した。一二リットルまたは八リットルの容器に入ったミネラルウオーターを、家庭や企業に配達する事業だ。

中の水は、飲用水をさらに、「逆浸透膜」という特殊な膜による最新システムでろ過して、不純物を取り除く。その後、人にとって必要な四種類のミネラルをバランスよく加え、日本人の味覚に合った味に調えている。逆浸透膜は、放射性ヨウ素の除去効果もあると言われている。

この水を「デザインウォーター」と名付け、「アクアクララ」というブランド名で販売している。

二〇一二（平成二四）年、世界の食品分野を中心とした製品に与えられる賞の「モンドセレクション」水部門で優秀品質最高金賞を受賞した。また、ＩＴＱｉ（国際味覚審査機構）の優秀味覚賞も受けた。

水の事業を始めたそもそもの動機は地球環境問題である。コンビニや自動販売機などで、ペットボトル飲料を買う人が増加。その結果、多量のペットボトルが廃棄される。回収されてはいるが、使用前と同じ水の容器として再生されるものはほとんどない。

こんなに捨てるものが多い商品は、長く続かないのではないか。

そこで、ペットボトルより大きなボトル入りのミネラルウオーターを宅配で届ける事業に着目した。アクアクララのボトルは主に一二リットル。重くて運ぶのが難しいという高齢者たちのため、八リットル入り容器も開発した。どちらの容器も、交換までの約三年間は使い続けることが可能だ。

一家庭当たりの一月のアクアクララ消費本数は一二リットルボトル約三本になる。年間で三六本、三年では一〇八本になる。

同じ量を五〇〇ミリリットルのペットボトルで買うとすると、一二リットルは五〇〇ミリリットルの二四倍だから、「一〇八（本）×二四＝二五九二（本）」という計算になる。三年で二五九二本ものペットボトルを消費後、捨てることになる。そう考えると、宅配ボトルの再利用は資源の大幅な節約につながる。

水の事業には将来性がある、という判断もあった。地球上にある水のうち、人が飲める淡水は三％しかない。しかもこの三％では、今や七〇億という世界の人口が必要な水を、満たしきれないという。実際、世界各地で水不足が深刻になっている。

こういう状況下では、限られた水を効率よく使うシステムや、海水を淡水化したり、汚い水を飲み水に変えて供給する技術などの開発も必要になる。水の事業の幅も広がっていくだろう。

こうした考えから、アクアクララジャパンという水の宅配事業の会社と提携。その後、同社の事業を引き継いで二〇〇五（平成一七）年、アクアクララ株式会社を設立した。

水の宅配で全国一位

水の宅配事業会社アクアクララジャパンにとって、わが社は当初、フランチャイズ加盟企業の一つでしかなかった。事業全体を引き継ぐことができたのは、運にも恵まれた結果だ。

二〇〇三（平成一五）年ごろ、取引のある商社と主要取引銀行の紹介で、アクアクララジャパンを知り、業務提携を結んだ。

ところが一年もたたないうちに、同社の経営が傾いてしまい、民事再生を始めることになった。

民事再生とは、民事再生法に基づき、経営破綻した企業などを再建させるための手続きだ。大企業などの場合によく行われる会社更生法による手続きと比べ、簡略で、早期の再建が見込まれる。もとの経営陣は引き続き経営に当たることができる。この点も、退陣が前提の会社更生法による手続きとの違いだ。

アクアクララジャパンの場合、しかし、民事再生でも旧経営陣がとどまることは認められなかった。会社が苦境に陥った原因が、明らかに取締役の忠実義務違反、乱脈経営にある、と民事再生の監督委員が判断したからだ。

結局、同社の事業は、営業譲渡ということで、再生手続きに参加した企業の中から、審査で選ばれたところが引き継ぐことになった。

アクアクララジャパンとフランチャイズ契約をし、水事業を始めた時に建設した横浜工場

これはレモンガスにとって大きなチャンスだった。ぜひ、この会社を手に入れたい。だが再生手続きに参加した企業の中には、上場企業など有力な会社がぞろぞろいて、情勢はどう見ても厳しい。

審査でまず、二〇社が第一次選考で六社に絞られた。その中に残った。一億円の保証金を払い、内部資料の確認などを経て、買い取り価格と再建計画を提示した。

経営にかける熱意や、経営者としての見識などでは勝てるかもしれない。だが規模の点で、資本金二千万円のレモンガスは他の五社に負けていた。当時七五歳という私の年齢も、懸念材料だ。

二〇〇三年の暮れも押し詰まった一二月二

○日、管財人の弁護士から「御社に決めた」と電話があった。すぐ弁護士のもとに行き、選ばれた理由を尋ねた。弁護士がわが社を評価した点は、他の企業がしなかった、フランチャイズ加盟店への最低保証額を提示したことだ。また「君の印象がよかったから」とも付け加えた。

この言葉をそのまま信じてよいかは分からない。ただ、私の水事業に対する確かなビジョンと、それをやり抜こうという強い思いが「よい印象」となって管財人に伝わったのではないか、という気はしている。

当初、水のボトルとＬＰガスのボンベを一緒に配達することも検討した。しかしガスボンべは屋外に据えるので、その家が留守でも届けられるが、水は口に入るものだから、手渡しが原則だ。それで水とガスの配達システムの統合は無理と判断した。

一一年、アクアクララは宅配水の売り上げで全国トップに達した。原発事故の影響で、安全な水の確保という問題がクローズアップされたことも、追い風となっている。

長い取引に支えられ

二〇〇六（平成一八）年、グループ再編で社名をレモンガスに改称した。その際、平塚市高根のシンカナ（一九八九年に新神奈川石油瓦斯から改称）を吸収した。平塚を本社とし、品川（港区港南）の旧カマタ本社は東京支社（現・東京本社）とした。

当社は戦前、蒲田煉炭の時代から、本社が京急蒲田駅近くの大田区西糀谷にあった。その後、港区新橋を経て九三年、現在の品川駅東口近くに移った。

西糀谷は自社の土地・建物だった。五四世帯のマンションを建設し、現在、東京都へ賃貸している。

この建物のエネルギーは全てＬＰガス。料金も都市ガスより常に五％安くするという条件だ。地下に一トンのガスタンク（バルク）を埋設。これまで約一二年間、一度もガス切れしていない。

これまでに買収した会社は、どこも立派なビルを持っていた。鹿児島の鹿屋ガスの本社（現・レモンガスかごしま鹿屋支店）も大理石の豪華なビルだ。その会社を買収したカマタは、東京にさぞ立派な本社を構えているのだろう、と思われたにちがいない。

まだ蒲田に本社があったころ、九州の販売店の人がよく「飛行機で上京するので、羽田空港に近い本社を訪ね、専務（私）に挨拶したい」などと電話をかけてきた。

当時の社屋は木造モルタル二階建て。その上にプレハブの建物を増築してあった。そこへ、本社管理部門と、管理システム用のコンピューターを置いていた。一般にはコンピューターがあまり導入されていなかった時に、最先端のシステム機器が並んでいた。だが応接間はなく、建物の外見はボロボロだった。

私は顧客に、外見だけで当社のことを判断されては困ると考えた。それでしばしば居留守を使った。

当社はきょうまで、会社を合併したり分離したり、と変遷を経てきた。順調にきたように見えるが、兄弟で経営する会社ならではの問題も起きた。解決のために会社の一部を整理した。

困難を克服できたことで、グループ全体の結束がより強くなった。

発展の陰には役員や社員の奮闘もあったが、取引先の協力も大きい。

当社を支えている得意先の販売店の特徴は、まず強力な販売網を持っている。さらに当

現在、東京本社（管理部門）は私（左）、平塚本社（営業部門と工場）は社長の赤津欣弥（右から２人目）が指揮。欣弥は2008（平成20）年、インド出張中、ムンバイ同時多発テロ事件に巻き込まれた

社が父、私、次の世代と移り変わる中、四〇年以上、二代三代にわたって取引を継続してくださっていることだ。

平塚の本社の周囲にも、このように長年にわたり、当社に貢献してくださっている販売店が多い。

その一つが大和市深見西の安田物産だ。六〇年ごろ、当社が練炭の製造・販売をしたころからのお付き合いだ。

平塚市北金目の山陽瓦斯は、もとは新神奈川石油瓦斯の得意先だった。二代目の現社長も、継続して取引を続けていただいている。

ほかにも、さまざまな得意先に支えられて、当社はきょうまで伸びてきた。このことに感謝し、この絆を今後も大事にしていきたい。

中国への関心消えず

六〇年近く前、中国政治史の研究者を諦め、会社に入り、経営者としての道を歩んできた。

この間も、中国への関心は消えなかった。仕事でも何度か出かけた。機会があれば、ビジネスでも中国との関係を深めたい、とも願ってきた。

二〇年ほど前、コージェネレーション・システムの開発・販売を始めたころ、中国の大手ガス会社に依頼され、技術指導などをしたことがある。

無償協力を求められ、「損して得取れ」で応じた。だが、それ以上の関係には進まなかった。

二〇〇三（平成一五）年、中国本土と香港の境にある経済特区、深圳に丸紅がＬＰガス基地を造った。中国最大のＬＰガス輸入基地だ。

完成して間もなく、視察へ行ったときのこと。朝早く、充填所の前に、三〇〜四〇トンほどのタンクローリーが連なっている。どれも、車で四〜五時間以上かかる二〇〇〜三〇〇キロメートル先の都市から、ガスを現金で買いに来ている、という。

日本の場合、タンクローリーは普通、一一トン前後。運ぶ距離も一〜二時間走る程度だ。中国は、ガスの需要の伸びるスピードに、充填所の整備が追い付かないのだ。

急激な経済成長が、政治に影響を及ぼさないはずはない。

当社の二〇一〇（平成二二年）年の新年会で、衆院議員の小池百合子さんに講演していただいた。その中で、中国のことにも触れた。

――ソ連が崩壊し、東欧の共産主義国もなくなった。中国もいずれは民主主義国家の仲間入りをするだろう。三〇年後ぐらいに――。

講演後、お礼を兼ねて小池さんと話した。私は、小池さんは「三〇年後」と言うが「一〇年後」だと思う、と言った。「そんなに早く、共産党政権が崩壊するでしょうか」と小池さんに問われ、私は答えた。

――ソ連崩壊を導いたのは、衛星放送のテレビだ。自由主義の情報が、ベルリンの壁の向こう側、すなわち共産主義国家の人々に伝えられ、ベルリンの壁が壊されたのだ。

次はインターネットだ。中国共産党がどんなに壁を築いても、その広がりは止められない。中国の一三億人全てに世界の状況が正しく伝わったら、どうなるか。政治は共産主義、経済は資本主義。こんな便利な体制が長続きするはずがない——。

小池さんと話して約三年がたった。つまり私の予想では、あと七年ほどで中国は民主化する。その時の中国という国と中国国民に大いに期待する。

それともうひとつ、望みたいことがある。

中国共産党が一九二二年の第一回党大会と翌年の党大会で定めた綱領では、現在のチベット、内モンゴル、シンチャンウイグルの各自治区は、国家として自治を認める、と定められていた。だがなぜか現在、そうはなっていない。

中国の民主化が実現したとき、これら三自治区の、本当の意味での自治が認められ、独立するのを私は待望する。

母校へ二億円を寄付

仕事と家庭の両立は難しい。結婚して最初の一〇年ぐらいはまだ、どちらも平等に考えられた。会社で、私が事業の中心になってくると仕事優先になった。

そういう中で、妻は三人の子どもを一生懸命、育ててくれた。

長男の慎太郎と娘の菜穂子は、慶応の中等部（中学校）に入れた。ともに慶応の大学まで進んだが、慎太郎は順調ではなかった。

高校のとき、落第を繰り返した。問題も起こした。若い女性を会員に誘うアルバイトをした。稼いだお金を、学校の友達へ利子を付けて貸していた。

落第したり問題が発覚するたびに、妻と私は学校へ謝りに行った。それで何とか大学に進んだのだが、一年後、また落第だという。

このままではいけない。慎太郎には甘えがある。何かことを起こしても、家族が頭を下げてくれる、何とかしてくれる。そう考えて、嫌なことから逃げている。頼る親のいないところで苦労させよう、とアメリカへ「放逐」した。

向こうへ行った当初はまだ、逃げていた。ある時、大学で学生同士の交流会に参加、一人ずつスピーチすることになった。片言でも何か話せばいいのだが、慎太郎はスピーチしないですむ方法を必死で考えた。その結果、酒をがぶ飲みし酔いつぶれた。

こんな慎太郎が一九八八（昭和六三）年、アメリカ・コネティカット州のブリッジポート大学を卒業した。それから約二〇年後、四五歳のとき、会社経営者として成長した慎太

長男の慎太郎。母校のブリッジポート大学内に、自身の寄付で建てられた教育施設の前で

郎は母校の大学へ二〇〇万ドル（約二億円）を寄付した。

大学は、デザイン教育の分野で高い評価を受けている。慎太郎の寄付により、学内にデザインの教育施設が建てられた。Shintaro Akatsu School of Design（SASD＝シンタロウ・アカツ・スクール・オブ・デザイン）と名付けられた。

虎はわが子を崖から落とし、はい上がってくる子を育てる、という話がある。慎太郎をアメリカに出したのは、まさに千尋の谷に落とすようなことだったが、私たち親のしたことは間違っていなかった。

慎太郎がアメリカの大学を卒業する際、私は日本の会社に勤めるよう勧めた。だが、アメリカに魅力があるので、向こうで就職したい、と三井物産ロサンゼルス支店に入った。数年後、私がコージェネレーションの会社「デス」を三井物産と共同で立ち上げた際、この会社に入れた。

デスが解散すると、帰国してわがカマタに入社。その後、九州カマタ（現・カマタ）の社長に就任した。グループ再編で当社がレモンガスに改称した際、慎太郎の希望で九州カマタが旧社名を引き継いだ。

ガス事業のほか、イタリア高級メンズブランド「アルバザール」を日本に開店。イタリア・トリノのジェラテリア（アイスクリーム店）「グロム」五店も展開中。この店は日本で一、二位の味との評価を得ている。

かつて英語で話すのを嫌がった男が、今では海外へ頻繁に出かけている。

家族の在り方を探る

仕事優先の私に代わり、妻の美奈子は家庭を預かり、子どもを育ててくれた。だから、妻には頭が上がらない。

妻と私は性格的に正反対だ。妻は、何事も白か黒かはっきりさせようとする。中間がない。無理に人に合わせるのも嫌いだ。

私は、白もいいが黒もいいなどと考える方だ。意見が分かれた場合、必要なら妥協もする。逆に、自分の考えを受け入れるよう説得することも多い。

妻はまた、正直と言うか、思ったことをストレートに出すところがある。

娘の菜穂子の結婚のときのことだ。

相手は慶応大学の同級生で、東京電力の社員。慶大でも、かなりの成績優秀者でないと、東電には入れないと言われる。普通の親なら大満足のはずだ。

ところが妻は違った。「こんな結婚、面白くないじゃない」。海外転勤などの機会が多い男性を相手に選んで、一緒に付いて行って見聞を広め、変化に富んだ生活を送る。そういう結婚をしてほしい、と願っていたのだ。

結婚式は人前式だった。立会人が「結婚に賛成の方はご起立ください」と言った。みんな立ったが、妻ひとり座ったまま。私は「形式でも立てばいいのに」と思ったが、そうしないのが妻だ。

三〇年ほど前、子育てが終わったころ、ある日突然、妻が「留学をしたい」と言ってきた。「これから私の人生。私の道を行きます」とステンドグラスの勉強にイギリスへ行ってしまった。

帰国後も同居しなかった。現在は同じ家に住んでいるが、「家庭内別居」状態だ。

私も、確かに気楽にはなった。だが、妻の言い分の全てを認めたわけではない。私も努力しているのだから、少しは譲歩してくれてもよいのではないか。

一方、アーティストとはこういうものだ。受け入れるしかない、とも思う。あいまいを拒否する強い個性は、作品を生み出す源となる。私が引かれたのもそこだ。

妻はその後、芸術家としての活動に打ち込んだ。当社がコージェネレーションのシステムを入れた福岡市の老人保健施設マザーテレサ・ケア院に、サンドブラスト（ガラス工芸の技法）の作品を納めた。

この施設に一九九二（平成四）年、天皇・皇后両陛下が行幸された折は、私たち夫婦も立ち会った。

私の事業にも協力しながら、アーティストとして活躍する妻を見ると、私たち夫婦の形はこれでよい、と納得できる。

反対されながらも結婚した菜穂子夫婦は、娘を授かり、順調だった。ところが二〇一一

（平成二三）年の原発事故だ。夫の給料減額など、急激な変化が起こり、夫婦関係にも影響が及んだ。

あの後、「東電社員」を特別な目で見る風潮が起きている。だがほとんどは普通の人々だ。大変な事態に陥り、これからどうしたらよいか、という課題を突き付けられ、苦悩している。家族も巻き込まれる。娘夫婦はその一例だ。

経営の信念を次代へ

二〇〇一（平成一三）年、長兄から社長を引き継いだ。〇七年、弟・孝の息子、欣弥へ社長を譲り、会長に就いた。

欣弥は富山県のガス販売会社、丸八を経て、孝が長く勤めた新神奈川石油瓦斯（後にシンカナ）へ入社、専務を務めた。期待に応え頑張っている。

今後のレモンガスは、四つの柱に沿って事業を進めたいと考えている。

第一の柱はLPガス事業だ。当社の基幹事業として積極的に展開していく。

第二の柱は、流通改革だ。都市ガスの東京ガスは一社で一千万世帯の顧客を有し、輸入から販売まで手掛けている。ＬＰガスは全国に約二千社の卸売業者、二万社以上の小売業者により消費者に供給している。今後は企業の集約化、流通経路のスリム化を図るべきだ。

第三の柱は宅配水だ。世界の人口は現在、推計七〇億人。さらに増え続けるが、飲める水は四〇億人分しかない、とも言われる。安全な水の確保は、ますます重要になるだろう。われわれは挑戦を続けていく。

その基であるアクアクララは宅配水事業で国内ナンバーワン、約五〇万世帯の利用者を抱える。一二年八月、埼玉県熊谷市に省エネ・モデルのプラントを新設し拡大を図る。社長は現在、次男の裕次郎が務める。日本の大学を卒業後、アメリカへ留学した。

第四の柱はＬＰガスのコージェネレーション（一つのエネルギーから電気と湯を取るシステム）の研究・開発・販売だ。

日本のエネルギー政策において、原子力発電に替わるものとして、ＬＰガスによるコージェネレーションを導入すべきだ。

モデルとして、同システム導入のマンションを相模原市緑区橋本台に、個人住宅を目黒区祐天寺に建設した。小田原市と開成町の隣り合う地域に、一戸建て一六戸の宅地を開発し、都市ガスにも電気にも頼らず、災害に強いコミュニティーを建設する予定だ。

現在、都市ガスとLPガスの世帯数は、都市ガスがやや多いものの、大きな差はない。ところが使用量を比べると、LPガスは都市ガスの半分程度だ。

LPガスの方がカロリー（発熱量）は高く、エネルギー源として優れている。当社としては「ハイグレード天然ガス」と呼ぶ方針だ。

カロリーは文化だ。そう私は信じている。練炭、石油、ガスとエネルギー源が移り変わり、発熱効率が高くなるにつれ、文化レベルが上がってきた。

著者近影。静岡県御殿場のレモンガス保養所で

こういう観点からも、効率のよいLPガスによるコージェネレーションを広める意義は大きい。

私が守ってきた経営戦略の基本は五年後、一〇年後の社会の変化を予測し、その方向に研究・投資することだ。この信念を、次代にもしっかり伝えていく。

〈なお、第三部は神奈川新聞「わが人生」に二〇一二（平成二四）年九月一日から一〇月三一日まで五九回にわたり連載されたものに加筆・修正したものです。〉

おわりに

せっかくの人生、もっと輝かせられないのだろうか――

私より若い世代の生き方を見ていて、こんなことを感ずる機会が増えてきました。昭和という時代に生き、戦争を経験し、高度経済成長期には仕事に打ち込んだ私から見ると、「もったいないなあ」と思える人が多いのです。

人生は人それぞれであり、私の考えを押し付けることはできません。ただ、私自身や、付き合った人たちの生き方、考え方を伝えることが、後に続く人たちにとって、何かのヒントにはなるはず。八四歳を過ぎても夢をもち続ける私の生きざまは、長寿時代に生きる人たちに、元気を届けるにちがいない。どこかで発表する機会はないだろうか、と思っていたところ、二〇一二（平成二四）年九月から二カ月間、神奈川新聞で「わが人生」という連載を書かせていただくことができました。

二〇〇九（平成二一）年に、私の半生を中心に書いて『夢をかたちに』という単行本にしましたが、この連載では、その本に記したことを補足したり、新たな視点で書き加えたりしました。いろいろな方から反響があり、自分の思いが伝わっているのを実感し、発信することの大切さを改めて感じました。次は、神奈川新聞に掲載したものを一冊にまとめて、より幅広い方々に読んでいただこう、と再び、本づくりに挑むことにしました。

せっかく本にするのだから、生き方についての考えを、もう少し具体的に書いてみよう。私が長年取り組み、今、脚光を浴びるコージェネのことも詳しく説明したい。また、この機会を利用して、長年、お世話になってきた販売店には、わが社への思いなどを取材させていただこう、とあれこれ欲が出て、「わが人生」と併せて三部構成になりました。

できれば、この本を通じて、私のコージェネなどの取り組みに賛同する「同志」が増えてくれれば、という期待もありますが、とにかく、読んでくださった方々の心に、何か新しい種をまくことができれば、と願っています。

最後に、この本の作成にあたり、取材に快くご協力くださった販売店の皆さまにはお礼を申し上げます。前回に引き続き、今回も出版を引き受けてくれたＫＫロングセラーズ、サポートしてくれたライターの山田千代さんとわが社の社員にも感謝します。

二〇一四年一月

赤津　一二

人生は84歳から

平成26年2月1日初版発行

著　者　　赤津一二
発行者　　真船美保子
発行所　　KKロングセラーズ
東京都新宿区高田馬場2-1-2　〒169-0075
電話（03）3204-5161(代)　振替 00120-7-145737
http://www.kklong.co.jp

印　刷　　太陽印刷工業(株)　製　本　(株)難波製本
落丁・乱丁はお取り替えいたします。※定価と発行日はカバーに表示してあります。
ISBN978-4-8454-2311-8　C0030　Printed In Japan 2014